校园篮球教学与后备人才科学训练研究

谷科男 ◎著

中国书籍出版社
China Book Press

图书在版编目（CIP）数据

校园篮球教学与后备人才科学训练研究 / 谷科男著
. -- 北京：中国书籍出版社，2023.11
ISBN 978-7-5068-9683-2

Ⅰ.①校… Ⅱ.①谷… Ⅲ.①篮球运动 – 体育教学 – 教学研究②篮球运动 – 运动训练 – 教学研究 Ⅳ.①G841.2

中国国家版本馆CIP数据核字（2023）第233969号

校园篮球教学与后备人才科学训练研究

谷科男　著

丛书策划	谭　鹏　武　斌
责任编辑	李国永
责任印制	孙马飞　马　芝
封面设计	博健文化
出版发行	中国书籍出版社
地　　址	北京市丰台区三路居路97号（邮编：100073）
电　　话	（010）52257143（总编室）　（010）52257140（发行部）
电子邮箱	eo@chinabp.com.cn
经　　销	全国新华书店
印　　厂	三河市德贤弘印务有限公司
开　　本	710毫米×1000毫米　1/16
字　　数	246千字
印　　张	15.5
版　　次	2024年5月第1版
印　　次	2024年5月第1次印刷
书　　号	ISBN 978-7-5068-9683-2
定　　价	92.00元

版权所有　翻印必究

目 录

第一章　校园篮球概论与发展　　1
　　第一节　篮球基础知识　　2
　　第二节　校园篮球与学生健康　　12
　　第三节　校园篮球文化　　14
　　第四节　校园篮球的发展　　23

第二章　校园篮球教学理论体系构建　　31
　　第一节　校园篮球教学理念　　32
　　第二节　校园篮球教学原则与方法　　34
　　第三节　校园篮球教学的组织与实施　　45
　　第四节　校园篮球教学考核与评价等　　51

第三章　校园篮球教学现状与改革创新　　61
　　第一节　校园篮球教学现状与问题分析　　62
　　第二节　校园篮球教学改革的建议　　66
　　第三节　校园篮球教学要素的创新　　70
　　第四节　多元视角下校园篮球教学的优化改革　　76
　　第五节　校园篮球精品课程建设　　92

第四章 校园篮球后备人才培养理论与路径探索　　97

　　第一节　篮球后备人才及其培养理论　　98
　　第二节　体教融合视域下校园篮球后备人才培养模式的构建　　101
　　第三节　校园篮球后备人才培养现状与困境分析　　110
　　第四节　校园篮球后备人才培养中突破现实困境的路径探索　　114
　　第五节　国外篮球后备人才培养经验对我国的启示　　119

第五章 校园篮球队建设与科学训练　　127

　　第一节　校园篮球队的建设与发展　　128
　　第二节　校园篮球队训练理念与方法　　131
　　第三节　校园篮球队训练模式与计划　　135
　　第四节　校园篮球队训练条件与环境的优化　　148
　　第五节　校园篮球队训练管理　　152

第六章 校园篮球后备人才体能与心理训练　　161

　　第一节　篮球运动员专项体能训练要求与心理素质分析　　162
　　第二节　校园篮球后备人才的专项体能训练　　170
　　第三节　校园篮球后备人才的运动心理训练　　180

第七章 校园篮球后备人才技战术训练　　189

　　第一节　篮球技战术训练的系统化理论　　190
　　第二节　校园篮球后备人才技战术意识的培养　　198
　　第三节　校园篮球后备人才技术训练　　199
　　第四节　校园篮球后备人才战术训练　　211

参考文献　　237

第一章 校园篮球概论与发展

篮球运动是一项具有集体性、技术性、对抗性、综合性的体育运动。这项运动简易有趣，方便参与，也具有重要的健身价值、娱乐价值和社会价值，因而广受学生喜爱，在学校获得了较好的发展。校园篮球是指在学校开展的各种形式的篮球活动，它以学校为空间，参与主体是学校师生，各种各样的校园篮球活动对提高学生的篮球技战术水平，帮助学生更好地理解篮球规则具有重要意义。本章主要对校园篮球的基本理论与发展进行分析，内容主要包括篮球基础知识、校园篮球与学生健康、校园篮球文化以及校园篮球的发展。

第一节　篮球基础知识

一、篮球运动的起源与发展概况

（一）篮球运动的起源

美国的体育教师詹姆斯·奈史密斯博士是篮球运动的发明者，发明时间为1891年。奈史密斯博士发明篮球运动的灵感来源于工人和儿童玩的一种向"桃子筐"投准的游戏。奈史密斯博士从中受到启发后，在健身房中两侧看台的栏杆上分别钉了两只桃篮，大约离地3.05米，篮口向上，游戏者可以将球投掷到篮内，胜负是由投中得分多少来决定的。之后，竹篮由活底的铁篮替代，再由挂着网的铁圈代替，到1893年，篮板、篮圈和篮网都与现在的篮球很相似。由于最早是把将球投入桃篮中作为游戏内容的，所以将该游戏称作篮球。

（二）篮球运动的发展概况

奈史密斯博士发明篮球运动后，这项运动很快就在世界各地传播开来，最先向北美洲传入，接着向欧洲国家传入。1904年，篮球表演赛出现在第3届奥运会上，表演者为美国基督教青年会。此后，各大洲逐渐开始开展篮球运动。1908年，篮球竞赛规则由美国全国高等院校体育协会制定，这版竞赛规则被翻译为30种语言在全世界大规模发行。1932年，国际业余篮球联合会在瑞士日内瓦成立，第一本国际篮球规则也在这一年正式出版。1936年，男子篮球成为第11届奥运会正式比赛项目，这是篮球运动走上世界竞技舞台，成为国际性运动项目的主要标志。首届世界男子篮球锦标赛和首届世界女子篮球锦标赛分别在1951年和1953年举行。女子篮球成为奥运会正式比赛项目是在1976年举办的第21届奥运会上。

第一章　校园篮球概论与发展

起初，职业篮球运动员不能参加世界篮球锦标赛和奥运会篮球比赛，但在1988年汉城奥运会后，国际篮球联合会（国际篮联）打破这一规定，由不允许改为允许，从此世界高水平篮球运动员积极参与世界性篮球赛事，对篮球运动的发展起到了积极的促进作用。

1992年第25届奥运会（巴塞罗那奥运会）上，男子篮球比赛的参赛队中包括被称为"梦之队"的美国国家男子篮球队（成员包括11名职业篮球运动员和1名大学生篮球运动员），这支球队的实力远远超过其他国家男子篮球队，其平均每场比赛得分117分，远超对手平均每场得分。

1996年第26届奥运会（亚特兰大奥运会）男子篮球比赛中，全部由职业篮球运动员组成的美国国家男子篮球队平均每场比赛得分102分，依然远超对手平均每场得分。但其他国家的篮球队也在不断进步，如澳大利亚、阿根廷、巴西等国家男子篮球队在与美国队比赛时，设计了较好的战术来对付美国队，如对比赛节奏的控制、将区域联防范围缩小、投篮以中远距离投篮为主等，通过采用这些技巧性的战术打法，逐渐缩小了与美国男子篮球队的比分差距。

21世纪，世界篮球运动的发展从各国的竞技实力水平来看，呈现出起伏状的新格局。在新世纪，篮球运动在世界各国广泛普及、不断发展、稳步提高，但总体来说，居于领先水平的依然是美国，居于先进水平的有欧洲的西班牙、塞尔维亚等和美洲的阿根廷、巴西等国家，而且各国的篮球水平不断接近，排名反复更迭。此外，亚洲和非洲一些国家的篮球竞技水平不断向篮球强国发起冲击，竞技实力不断提升。

现阶段，篮球运动呈现出新的发展趋势，如智高谋深、身强体壮、凶悍顽强、积极快速、机敏多变、全面准确和小球化等，而且世界上出现了多种多样的打法与各具特色和优势的流派风格，不管采用哪种打法风格，都离不开技战术的创新，都强调高度与速度，都会在时间与空间上展开激烈争夺，在体能和技能上展开激烈对抗。此外，篮球竞赛规则经过多次修订后，越来越丰富和完善，篮球规则的修订和完善促进了世界竞技篮球运动的科学化、规范化发展，也对高水平篮球比赛的发展起到重要的规范与约束作用。

二、篮球运动的特点

篮球运动的特征是在篮球运动的演进与发展中逐渐形成的，篮球运动的特点也是篮球运动发展的内在原因。下面分析篮球运动的几个基本特点。

（一）空间对抗性

篮球的运动规律和其他球类项目相比具有特殊性，具体表现为高空运动规律，很多情况下要在空中争夺控球权，在攻守双方的对抗中要运用许多技术手段和各种战术打法，攻守转换速度非常快。篮球运动的高空运动规律具体从高空性和瞬时性两个方面体现出来。

1. 高空性

在篮球比赛中，进攻队员要向离地3.05米的篮筐中投篮，而防守队员要加强防守，阻截对方的投篮。投篮与防投篮对篮球运动员的制空能力和制球能力提出了较高要求。

2. 瞬时性

指在篮球竞赛规则中对持球进攻一方提出了不同性质的时间限制，包括3秒、5秒、8秒、14秒和24秒等。所以，在篮球比赛中，两队攻守对抗的关键在于强化时间概念、善于抓住战机，不管是进攻一方，还是防守一方，都强调速度之快，如进攻一方要快速攻击，提高传接球和投篮的准确性，减少失误率；防守一方要快速防守，并想方设法改变被动局面，由被动方转为积极的进攻方。总之，篮球比赛获胜的关键在于双方以空间坐标为中心，尽可能将攻守转换时间缩短，将控球权牢牢掌握在手。

（二）多变、综合性

篮球运动的发展经历了从低级到高级，从单一到多元，从简单到复杂多变的过程，最终发展成一项具有综合性的世界竞技运动。篮球比赛比较复杂，有非常多的技术动作和多种多样的战术形式，高水平篮球运动员往往能

第一章 校园篮球概论与发展

够对篮球技战术进行创造性的运用，并达到艺术化水平，为篮球比赛注入生机与活力。

在篮球比赛中，双方队员围绕球场空间瞬时变化展开激烈的争夺，充分反映了篮球运动的综合性特征，具体表现为下列几方面的结合。

（1）空间作战与地面作战的结合。
（2）空间与时间的结合。
（3）个人作战与集体配合的结合。
（4）拼抢与计谋的结合。

（三）健身、增智性

篮球运动是集体运动，具有非周期性、综合性。篮球内容结构的多元性、比赛过程的综合多变性决定了这项运动的综合性。具有综合性的篮球运动有助于对学生综合素质的培养，如提升学生的身心健康素质、知识素养，培养学生的道德素质和意志品质，开发学生的智能与创新能力等，最终促进学生的全面综合发展。

例如，篮球运动员在运用篮球技战术的实践过程中，在充满对抗、变化的环境中运用各种技战术手段完成攻守任务，整个过程中一系列复杂因素影响着运动员的生理、心理和智力，这个影响是综合性的。学生参加篮球运动能够综合发展各方面的素质，促进综合素质的整体提升。

（四）启示、教育性

社会学视角下的篮球运动群众基础广泛，社会影响力大，具有重要的教育价值，表现在对篮球参与者综合素质的培养、对社会文化生活的活跃、对社会交往的促进以及对民族自尊心的增强等方面。正因为篮球运动具有巨大的启示性和社会教育意义，所以每年世界各地都会组织形式多样的篮球竞赛活动，有众多篮球运动员和业余爱好者参与各种类型的篮球竞赛和篮球游戏活动。

（五）理论和实践的科学性

篮球运动已有百余年的发展历史，在漫长的发展历史中，世界上的篮球教练员、篮球运动员、篮球教育工作者和科研人员广泛且深入地研究了篮球技战术，他们为篮球事业的发展做出了巨大贡献，在一代又一代篮球人的努力下，篮球技战术的科学体系逐渐形成。

篮球有关科研工作者从运动生理学、运动心理学、运动医学、运动生物力学、运动解剖学等运动人体科学出发对篮球运动进行了多元化研究，促进了篮球理论的丰富与体系的完善。在科学理论的指导下，篮球运动实践也取得了良好的发展成果。

（六）职业性

20世纪90年代，职业篮球运动员获得国际奥委会的允许后开始参加奥运会篮球项目比赛，这加速了世界篮球运动的职业化进程。20世纪中期，职业篮球俱乐部率先在美欧国家出现，之后其他国家也陆续成立职业篮球俱乐部，职业俱乐部在全球的兴起催化了篮球运动的职业化发展进程。美国NBA职业球员经过国际奥委会的同意参加世界篮球大赛后，职业篮球开始呈现出产业化发展趋势，优秀球队和球星的社会商业价值大幅度提升。

三、篮球运动的规律

篮球运动规律具有必然性、普遍性及稳定性特征。人们无法从主观上改变篮球运动规律，这是众所周知的客观事实。篮球运动规律不管是否被人们认识、承认，其都会以固有形式影响篮球运动的发展。掌握篮球运动规律是更好地认识和进一步发展这项运动的基础，从篮球运动的规律出发进行篮球运动的改革创新才具有科学性。

现代篮球运动迅速发展，比赛越来越激烈，很多问题都迫切需要解决，

第一章 校园篮球概论与发展

而只有对篮球运动的规律进行深入分析与研究，分析篮球运动相关因素的相互关系，才能有效解决实际问题，推动篮球运动的高水平发展。

下面主要阐析篮球运动的基本规律。

（一）攻守的动态均衡发展规律

篮球运动中存在一对根本性的矛盾，即进攻和防守。进攻是为了得分，防守是为了阻止对方得分。一支优秀的队伍既要能够做好进攻，也要能够组织好防守，应将进攻与防守同步重视起来，如果偏颇一方，要想在比赛中获胜是十分艰难的。维持进攻和防守的动态均衡是赢得比赛主动权的重要条件。技术是篮球运动的基础，战术是技术的运用形式，如果只是技术好，而不知如何组织战术，则难以充分发挥技术水平。同样，如果只懂得组织战术，而技术基础差，则战术的实用价值就不会实现。

现代篮球运动对篮球队的要求是基础技术全面扎实，战术能力强且有针对性，只有技战术均衡发展，综合能力才会提升，获胜的可能性才会增加。

（二）多方面的节奏变化规律

1. 篮球运动的节奏

篮球运动的节奏是指篮球比赛和技战术的运用中表现出来的动静交替和快慢的时间间隔关系。[①]篮球节奏是篮球运动的基本规律之一，一场篮球比赛时刻存在着节奏的变化，并以多种形式全方位表现。如果篮球比赛中两队势均力敌，那么两队对节奏的掌握能力直接影响比赛结果。

（1）节奏的技术表现

技术运用时间快慢的间隔关系就是节奏的技术表现。在技术的合理运用中，表现出来的节奏是和谐的，而且技术运用效果良好。技术的协调、娴

---

① 王峰.现代篮球运动的理论研究[M].北京：人民日报出版社，2013.

熟、完美都体现在和谐的节奏中。例如，使用假动作为持球突破做铺垫时，假动作要慢，要生动逼真，要能够诱使对方上当，而实施持球突破的真动作时，动作要快，要使对手来不及调整位置，从而成功突破。

（2）节奏战术表现

运用战术时，各阶段时间快慢和各部分动静的关系就是节奏的战术表现。不同的篮球战术有不同的节奏规律，如攻守联防、半场人盯人战术的节奏以慢为主。具体战术的节奏也有不同，例如，运用快攻战术时，要加快发动和推进阶段的节奏，迅速压倒对手，使对方措手不及。快攻结束时，要准确进行观察与判断，在最佳时机攻击，以促进攻击效果的强化。

篮球比赛节奏的快慢和变化受时间、比分、对方水平、本方实力等很多因素影响。对比赛节奏的把握和随机调节有助于掌握主动权。在比赛中如果打法节奏混乱，则容易陷入被动局面，应立即通过暂停、换人、改变战术、中场休息部署等方法来控制与调节，变被动为主动。

2.全方位的变化规律

篮球运动是技能主导类同场对抗运动，各队都必须依据对手的情况来有针对性地分配体能，合理部署技战术的运用。篮球技战术的内容和运用模式有很多，在比赛中不能固定不变地运用一种或简单的几种技战术，这不符合篮球比赛每时每刻全方位变化的规律。篮球比赛节奏的不断变化增强了篮球运动的艺术性和观赏性。在比赛中随机变化可以变被动为主动，有效扭转局面。

篮球技术的变化主要指在技术应用中，位置、时空、假动作等因素的变化。例如，个子高的运动员碰到个子小的对手的防守，可调整位置，尽可能在篮下通过挤、靠完成投篮或迫使对方犯规。持球突破前在一侧做突破假动作，待对手上当对该侧进行封堵时，持球者迅速从另一侧突破。如果对手没有去堵截，说明其成功识破了假动作。在运用假动作的过程中真假、虚实的变化具有较高的观赏价值，使比赛更精彩。

（三）全面、综合对抗规律

篮球运动的综合抗衡从身心、智力、技术、战术和意识等方面体现出来，这些因素融为一体，使抗衡更全面，水平更高。在时间上分秒必争、必抢，时刻都在争抢和拼斗；在空间上地面和空间的立体式对抗等也体现了篮球运动的综合对抗性。篮球运动的全面、综合对抗规律使这项运动的瞬时性、凶悍性、应变性等特征变得更突出。

无球对抗和有球对抗、篮板球对抗和转换对抗等是篮球运动综合对抗的主要表现形式。其中转换对抗指的是无球和有球的转换对抗及防无球和防有球的转换对抗，这个对抗形式很容易被忽略。快速移动是转换对抗的基础，具体包含的技术环节有调整位置、保持适宜距离和恰当的身体接触等。

篮下、限制区和三分线附近是篮球运动全面综合对抗的重点区域，展开对抗的主要是双方中锋队员、篮下突破队员以及空切队员。

运动员只有具备良好的身体素质，才能展开全面综合对抗，在身体接触和对抗中，要对身体力量灵活运用，进行刚柔相济、灵活协调的对抗，而不是硬碰硬的蛮横对抗。

四、篮球运动的价值

（一）健康价值

1. 提高生命活力

篮球运动包含的身体活动形式丰富多样，如跑、跳、投等，篮球运动强度比较大，因此在提升人体机能水平、改善身体素质、提高人体活动能力和运动能力方面具有重要作用。参与篮球运动，能够为提升与保持生命活力、提高生活质量打下坚实的基础。

2. 促进心理健康，提高社会适应能力

随着社会生活节奏的加快和现代科技的发展，人与人之间的面对面交流逐渐减少，从而影响了社会人际关系和人的社会适应能力。篮球运动是集体运动，为人们近距离切磋和交流提供了机会。参加篮球运动能够缓解人的生活压力，在篮球竞技中公平竞争，又能对人的心理适应能力和社会适应能力进行培养，促进人们心理健康水平的提高。

作为典型的集体运动，篮球不仅能增进交流，协调人际关系，建立友谊平台，还能对团体拼搏精神、集体主义精神、遵守规则精神、协同配合能力进行培养，塑造人良好的道德品质和个性品质，使人们在篮球运动中对个人与集体、竞争与合作的关系进行妥善处理。

（二）审美价值

篮球运动的审美价值主要体现在以下几个方面。

1. 技巧与艺术美

篮球运动的技巧美和艺术美是深入渗透其中的，篮球运动的形式因此而得到美化，篮球运动的内容也变得丰富，也使篮球运动的功能更齐全，魅力更突出。具有技巧美和艺术美的篮球运动在一定程度上反映了民族风貌和文化特色，成为人们日常娱乐和艺术欣赏的重要内容之一。

2. 道德美

篮球运动充分体现了体育道德，篮球比赛中的团结拼搏、集体协作精神对现代人具有重要的启发作用和教育意义。当篮球运动的参与者深刻认识篮球运动中的道德元素及其道德价值后，便能更加深入地体会篮球本身所具有的道德美。

3. 综合美

在篮球比赛中，运动员强壮的身体、结实的肌肉、健美的外形、良好的身体素质、娴熟而灵活多变的技战术都能够使观众精神愉悦，获得美的享受。激烈的争夺、错综复杂的攻守形势令观众神经紧绷，扣人心弦的精彩场面极具观赏效果。在充满竞技对抗的赛场上，双方队员斗智斗勇，充分利用自己的体能素质、心理素质、智能素质以及技能素质来展开综合较量，增加了篮球比赛的观赏性。

人们的审美追求、对美的评价标准是随着时代的发展而不断变化的，为了满足大众的审美需求，篮球运动员的服装、比赛中啦啦队的表演、赛场上的广告宣传方式等都在不断变化，但也都在篮球竞赛规则和要求的范围内，这是篮球运动与时俱进的重要表现，也是观众审美意识越发强烈、审美需求日益多元、审美水平不断提高的反映。

（三）社会价值

篮球比赛有其独特的受众，观赏篮球比赛的观众群体与观赏其他体育比赛的观众群体既有共同性，也有独特性。观众在赛场观赏篮球比赛，其实也是以一种特别方式参与社会活动。篮球比赛的组织实施离不开观众，观众也是篮球比赛中的重要角色，角色承担的过程及完成角色任务是人的社会化本质。观众欣赏篮球比赛的过程中，不仅能了解篮球规则知识和篮球技战术，还能学习个人与集体的行为规范，学习运动员顽强拼搏、坚持不懈的精神，而所学的这些知识、规范与精神是个体承担社会角色、完成角色任务应达到的基本要求。

篮球运动也能培养人的创新能力，这一能力也是人们适应社会和推动社会发展的重要品质。篮球运动中充满创新元素，篮球技战术的形成与表现虽然有既定原理、规则和要求，但不同运动员的表现风格不同，在篮球比赛中运用各种技战术也没有固定的模式，每个人都可以按照自己的理解、观察、判断来有创造性地选择适宜的技战术。

篮球运动是强对抗运动，具有多变性和复杂性，参与者必须善于观察，及时决断，快速行动，随机应变，所有这些都离不开个人的智慧，只有拥有智慧，才能有创造性地运用各种技战术。所以说篮球运动对参与者的创新能力提出了要求，也促进了参与者创新能力的提升。

篮球运动作为一项社会集体性活动，具有鲜明的社会性、群众性。我们可以将篮球运动看作一个浓缩的特殊社会环境，人们在篮球场上培养的良好行为习惯和个性品质能够依据迁移原理而运用到日常生活中，从而被社会认同和接纳。

第二节　校园篮球与学生健康

校园篮球对促进学生生理健康和心理健康具有重要意义，具体分析如下。

一、校园篮球与学生生理健康

（一）提高生理机能水平

校园篮球运动可提高学生的生理机能水平，具体表现如下几方面。

（1）在篮球运动中，参与者之间展开力量的抗衡，要完成突然与连续的起跳，要能够快速奔跑，有敏捷的反应。学生参与校园篮球运动，有助于使身体肌肉变得结实、匀称。

（2）篮球运动是对抗运动，强度很高，可以促进人体新陈代谢，促进机体代谢率的提高，增强各器官功能，使人的体质及抵抗力从根本上得到改善与增强。

（3）篮球比赛瞬息万变，具有很大的不确定性，所以参与者必须将各种协调的技术动作充分掌握好，并具备良好的随机应变能力。学生长期坚持参与校园篮球运动，能够促进各感觉器官尤其是视觉感受器功能的增强，同时能够使动作更精细，使注意力分配与集中的能力得到提高。

（二）提高身体素质

篮球运动的特点要求参与者应具备良好的力量、动作速度、反应速度、耐力及灵敏等素质。学生坚持不懈地参与校园篮球运动，能够促进这些身体素质的协调发展。另外，在快速奔跑中进行篮球运动，有大量的跳跃、转身跨步、起动等动作，这能够使各关节、韧带与肌肉得到锻炼，提高柔韧素质。

第一章　校园篮球概论与发展

二、校园篮球与学生心理健康

学生长期参加篮球运动，个性与心理都会变得健康、积极。校园篮球对学生心理健康的积极影响如下。

（一）培养顽强意志品质

现代篮球运动具有对抗强烈、争夺激烈的特点。参与双方直接对抗，不仅要求身体素质全面发展，技战术能力高，还要求意志顽强，有拼搏精神和勇敢品质。学生参与校园篮球运动同样应具备顽强的意志，只有在对抗中克服各种困难，才能获得好的成绩。

（二）创造良好情绪体验

现代篮球运动的观赏性、趣味性很强，因此学生通过参加校园篮球运动可以获得良好的情绪体验，具体表现如下。

（1）校园篮球可以调节学生的情绪，振奋学生精神，给学生带来快乐感，使学生的自信心、自尊心变得更强，养成自强不息的优秀品质，这也能改善因学习压力大而造成的神经衰弱等精神疾病。

（2）学生参与校园篮球运动，能够与同学建立良好感情，维护与巩固友谊，促进交流。对性格内向的学生来说，参与校园篮球运动还能使其更好地认识自己的价值，性格变得开朗、阳光一些。

（3）学生参与校园篮球比赛，获胜后可以产生成就感、愉悦感和幸福感。

（三）塑造健全人格

从宏观上而言，篮球运动是群体的竞争；从微观上而言，篮球运动是群体中个体间的技巧智能与身体冲击的直接对抗。在校园篮球比赛中，学生要想获胜，就要敢于冒险、创新，准确观察判断，善于抓住时机，这是促进学生个性自由发展的有效途径。另外，校园篮球运动还能培养学生的集体主义精神和良好的个性。

第三节 校园篮球文化

一、篮球文化

篮球运动有丰富的文化内涵，篮球文化是体育文化的重要组成部分，其基本表现形式是围绕篮球开展的所有外显活动，承载着一定的体育道德、体育价值以及体育意识。篮球文化是关于篮球运动的所有物质财富和精神财富的总和。

篮球运动文化是以篮球活动为基本形式的社会现象，其体现了与篮球有关的意识、观念和思想，对促进健康、陶冶情操、培养精神、塑造个性等具有重要意义。

篮球运动的文化内涵及结构关系如图1-1所示。

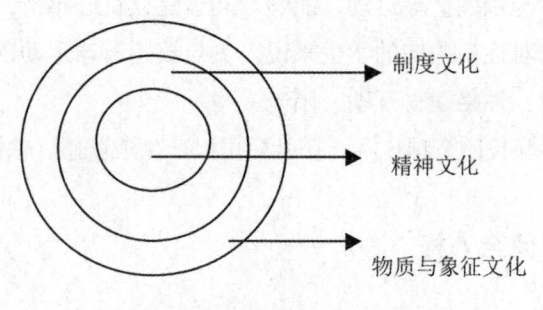

图1-1 篮球运动的文化内涵[①]

---

① 郭永波.篮球文化的理论框架构建[D].北京体育大学，2004.

第一章　校园篮球概论与发展

（一）篮球物质与象征文化

篮球物质与象征文化是篮球文化结构中的表层部分。篮球物质文化指的是篮球运动的场地、器材、设备等由人类围绕篮球运动加工的各种看得见、摸得着的有形载体。

篮球象征文化包含于篮球物质文化中，也包含于篮球精神文化与制度文化中，也就是说篮球物质、制度、精神文化中都包含篮球象征性要素，这些要素的文化特点鲜明，具有象征意义，如篮球队的队徽、队歌、队标；职业篮球俱乐部的徽、标、旗等。

在篮球文化体系中，篮球物质和象征文化处于外层，最为活跃，是整个篮球运动文化发展的基本物质保障，也是篮球精神的重要载体，反映了篮球运动的内在精神和发展趋势。篮球文化的形象与精神最能体现在篮球象征文化中，它既有"实体物质"，也蕴含着内在的精神，是篮球文化中独具特色的组成部分。

（二）篮球制度文化

篮球制度文化在篮球文化结构中居于第二层，其主要内容有篮球规则、篮球裁判法以及符合规则要求的技战术行为。

篮球运动的发展离不开篮球制度文化的支撑，篮球文化的思想、法规等都贯穿于制度文化中。篮球制度文化对篮球技战术的发展以及篮球的整体发展都具有重要的规范与约束作用。篮球精神文化对篮球制度文化具有一定指导性，篮球精神文化的内容也能从篮球制度文化中体现出来。篮球文化发展中，起重要作用的执行机构、决策部门、指挥机关等都是来自制度文化中的组织机构。

（三）篮球精神文化

篮球精神文化位于篮球文化结构中的最内层，是最核心的组成部分，具体包含篮球运动的思想、理论、谋略等基本内容。篮球文化的性质是由篮球精神文化决定的，篮球物质文化与制度文化也在很大程度上受到篮球精神文化的影响。在篮球文化的形成与发展中，篮球精神文化发挥了非常关键的作用。

篮球文化中的精神主要从人文篮球、篮球本质和规律、篮球技战术理论、篮球哲学、篮球思想谋略中体现出来。篮球的基本观念、重要价值都体现于篮球精神文化的内容中。篮球精神文化的核心地位决定了其在篮球文化发展中是最为核心的动力。

综上所述，篮球运动的文化内涵如图1-2所示。

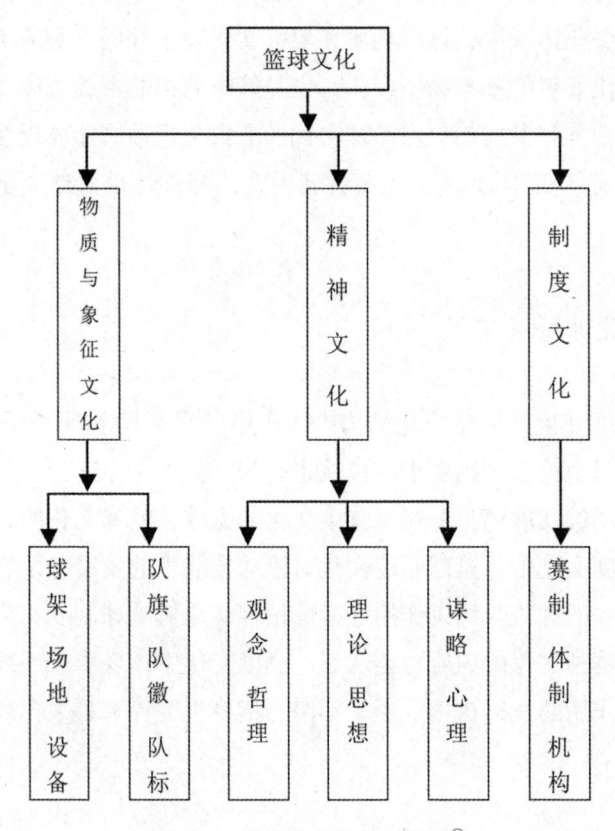

图1-2　篮球文化的结构内容[①]

———————————

① 郭永波.篮球文化的理论框架构建[D].北京体育大学，2004.

第一章　校园篮球概论与发展

二、校园篮球文化概论

（一）校园篮球文化的概念

校园篮球文化指的是以校园为空间，以学生和教师参与为主体，以篮球运动为主要内容和运动手段，所创造的篮球物质财富和精神财富的总和，其表现出一种具有校园独特形式的学生群体文化生活。

（二）校园篮球文化的特征

1. 物质性

校园篮球文化的物质性指的是校园篮球的物质条件，包括篮球场地、篮球设备及与之相应的校园环境等。这些物质是校园篮球文化赖以存在的重要媒介，具有文化熏陶作用，能够深深感染身处其中的每位校园人，起到精神引导作用。

2. 精神性

校园篮球文化的精神性指的是校园篮球彰显出来的体育精神、体育道德、体育品质、体育价值观、精神风貌及相关文明礼仪。学生在篮球比赛中表现出来的集体主义精神、集体荣誉感等都是校园篮球人文精神的集中体现。在校园篮球比赛中，参赛选手表现出来的顽强拼搏、永不言败的精神使其他学生深受鼓舞，不仅增强了学生的自信心，也有效推动了校园篮球的积极发展。

3. 体制性

校园篮球文化的体制性是校园篮球行为文化的动态呈现形式，主要包括篮球教学活动、赛事活动及管理制度等。

校园篮球文化的特征 → 物质性 / 精神性 / 体制性

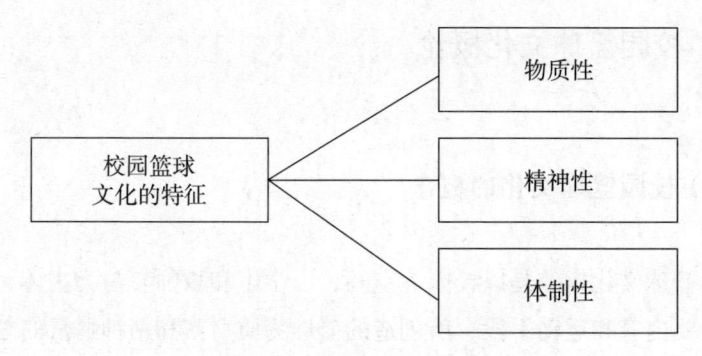

图1-3 校园篮球文化的特征

（三）校园篮球文化的功能

校园篮球文化具有以下功能。

1. 健身功能

篮球运动是集体性运动，也是综合性运动，学生参与形式多样的校园篮球活动，有助于促进身心健康，锻炼综合能力。具体可以从生理学和心理学视角来了解校园篮球文化的健身功能，参考本章第二节校园篮球与学生健康的关系。

2. 增智功能

现代篮球运动发展的科学化、谋略化、技艺化趋势越来越鲜明，校园篮球文化的发展水平也因此而不断提升，表现出技术与智谋的渗透结合，因此学生参与校园篮球活动，既要从中汲取文化营养，又要不断丰富自己的文化知识，这样才能更好地理解篮球运动的本质。篮球运动能够使学生大脑的物质结构和机能状况得到改善，促进其思维能力的提高，为学生智力开发与提高创造良好的条件。

3. 娱乐功能

通过参与校园篮球文化活动，学生可以对道德文化、体育知识、方法和技能有一定的了解与掌握，同时也可以陶冶情操，增进友谊，获得良好的精神体验与享受。很多学生都认为打篮球是一项快乐的运动，打篮球可以放松身心，缓解压力，调节学习。校园篮球使学生成为主动的体育实践者，从而

第一章　校园篮球概论与发展

为学生的终身体育生活打好基础，使其形成积极健康的生活习惯。

4. 教育功能

校园篮球运动具有良好的教育作用，这项运动集体性很强，能够对学生的组织纪律性、应变性、集体主义精神进行培养。这符合青少年学生较强的上进心、好奇心和活泼好动的心理特征。开展校园篮球竞赛，能够增强学生的竞争意识、开拓创新意识，同时能够对其责任感、集体荣誉感进行培养。

三、校园篮球文化建设

（一）校园篮球文化建设的意义

1. 丰富校园文化，促进全面发展

校园篮球文化建设有利于丰富与完善校园文化，在促进学生健康心理及良好行为规范的形成方面，校园篮球文化的精神特质起到关键作用，进而促进良好校园文化的形成。校园篮球文化与校园文化的充分整合使篮球精神与校园精神完美契合，进而使篮球文化精神更加开放化、动态化、多元化，这有助于促进学生的全面发展。

2. 活跃体育氛围，强化团队意识

校园篮球文化是校园体育文化的重要组成部分，二者具有密切的内在逻辑关系。建设校园篮球文化可以使学生的人际交往能力得到提高，同时可以培养学生正确的体育观和价值观，而这正好符合校园体育文化建设的根本诉求。

3. 培养后备人才，壮大篮球事业

从事校园篮球运动的人数在很大程度上影响校园篮球后备人才的培养能力，这是量变引发质变的原理，校园篮球文化带动学生参与这项运动，对篮球运动技能进行学练，如果学生再学习与掌握篮球知识与技巧，不断提高自己，便能够以"篮球后备人才"的身份为我国篮球事业做出贡献。校园篮球文化建设要求对篮球知识、篮球精神大力普及，提高篮球运动的参与性和普及性，师生的广泛参与能够促进校园篮球后备人才的培养。

（二）校园篮球文化建设的现状

随着我国各级院校不断落实校园篮球战略，校园篮球文化建设的成效越来越显著，但因为社会环境、篮球体制、教学理念等多方面因素的影响，校园篮球文化建设还存在一些不足之处，下面主要分析几个常见的问题。

1. 思想认知偏差，身体素质偏低

竞技文化是篮球文化的一大核心要素，这从篮球比赛中集中体现出来，但目前来看，我国校园篮球比赛次数少，规模小，学生的满意度较低。各地大规模的校园篮球联赛非常少，甚至高校各院系或专业组建篮球队都是不被允许的，这容易导致篮球文化隔离在校园文化建设范畴外，学生开展篮球活动只能通过业余的方式，这对篮球文化的建设培育造成了严重制约。这一问题产生的原因如下。

（1）学校对篮球文化的认识存在思想偏差，不明确篮球文化建设的价值，主观上不愿意组织校园篮球联赛。

（2）学生身体素质较差，不具备参与大规模篮球联赛的良好身体素质。篮球运动对参赛选手的身体素质提出较高要求，爆发力、耐力、速度、灵敏度等都是必须具备的基本素质，而大部分学生的身体素质没有达到要求。

2. 缺少宣传教育，整体氛围较差

要想有效建设校园篮球文化，达到预期效果，不仅要在物质层面上加大投入力度，还要在精神层面上加大宣传教育力度。我国校园篮球文化的传播力和渗透力还不够强，有些学校只对传统文化教育比较重视，还没有正确认识校园篮球文化建设在促进学生身心健康发展中的重要价值，所以校园宣传单位没有对此展开广泛的传播。校园宣传栏、广播、网站等媒介宣传的篮球文化知识很少，从而对校园篮球文化的建设培育造成了限制，校园篮球文化的多元效能也无法充分发挥出来。

3. 环境建设落后，教学效果不佳

校园篮球运动的推广需要基本的物质条件，篮球场地是先决条件，若场地不足，校园篮球的发展规模将直接受到影响，校园篮球文化的建设空间也会严重受限。我国学校普遍缺少篮球场地，现有场地存在陈旧老化、照明设备不足、不符合篮球新规等问题，而且篮球课程教学也以基本技能为主，学

第一章　校园篮球概论与发展

生很少有机会参加实战训练。此外，学校专业体育教育设备不足，教学的要求得不到满足，导致篮球教育教学效果差，从而制约校园篮球文化建设。

（三）校园篮球文化建设路径

在校园篮球文化建设中，为了顺利达到预期效果，可以从以下几个维度着手开展工作。

1. 学校维度的建设路径

篮球场地及相关设施是校园篮球运动发展的基本物质条件支撑，校园篮球文化建设同样离不开这个基础条件。因此，学校要高度重视篮球物质文化建设，增加投入，具体方法如下。

（1）结合学校实际对现有体育场地合理利用，有条件的学校可以改造室内外体育场地，打造多功能的运动场所，在不同时段对不同体育项目的教育和训练合理安排，将室外体育场地充分利用起来开展篮球教学，加强篮球文化建设。

（2）充分利用社会资源，加强与企事业单位的合作，拉动赞助，增加推广学校篮球运动的资金来源渠道。根据学校的经费情况对室外篮球场地设施进行修缮，室内球馆适度开放，可根据需要建设塑胶球馆，为教学和学生活动提供方便。学校篮球馆也可以对社会开放，收取一定费用，缓解学校篮球发展的资金紧缺问题。同时，加强篮球场地的配套设备建设，使场地利用率不断提高。

（3）结合校园文化和篮球文化特色，对个性化的篮球图标和球队名称进行设计，然后在篮球教学、篮球训练和篮球赛事活动中广泛运用这些文化标志，促进校园篮球物质文化内涵的丰富。同时，积极组织趣味篮球竞赛活动，如定点投篮、篮球接力等，将这些灵活有趣的活动融入校内团体活动中，促进学生积极参与，对篮球竞赛形式单一、选手水平低的问题进行有效解决。鼓励本校篮球队与其他学校篮球队、社会篮球队进行互动，以全面建设校园篮球文化。

2. 平台维度的建设路径

学校将期刊、社交媒体、网站等大众传播媒体充分利用起来，促进宣传平台的拓展，加强对篮球文化的宣传教育，刺激学生的感官，引起他们的关注，改变学生对篮球的认知，使其主动参与和学习，提高学生对篮球文化的认可度。具体来说，平台维度的构建对策有以下两点。

（1）学校对宣传栏、校报、门户网站等媒介灵活运用，扩大宣传范围，对有关篮球运动的新闻、趣闻多报道一些，篮球运动员的精神、奉献是重点宣传内容，让学生认识与了解伟大球星，获得人生启迪、思想升华，然后产生对这项运动的兴趣。

（2）不断宣传校园篮球运动，让学生感受到篮球氛围，对学生的参与实践积极引导。学校对篮球知识讲座定期组织开展，主要是对篮球文化知识进行普及；在教学中采用小组讨论、合作探究等方式将学生学习篮球的热情激发出来；开展丰富的课外篮球活动，营造良好的校园篮球氛围，使学生有更多的机会接触这项运动。

3. 教学维度的建设路径

学校要加强篮球教学体制改革，促进篮球课程体系的健全与完善，重视篮球训练，使篮球在校园体育文化中的地位不断提升。具体而言，教学维度的篮球文化构建策略如下。

（1）将篮球课程设置为必修体育课程，合理安排每周篮球课时。对"课内学习+课外竞赛"的教学模式加以构建，课堂上主要学习篮球知识和技能，课外竞赛主要是将课内所学运用到实践中，提高学生的知识运用能力与实战能力。

（2）对篮球教学的考核体制要适当淡化，不要一味传授篮球基本技术，还要重视对学生身心素质、战术配合能力的培养。单一的考核体制反映了校园篮球技术训练失衡的弊端，所以要注重过程评价，注重对学生体育精神、意志品质的培养，让其对篮球运动的魅力有深入的体会，并产生更浓厚的兴趣。

（3）教师合理制订篮球教学与训练计划，在对学生的体能素质加以全面考虑的基础上对训练层次、负荷强度合理安排，以免过度训练带来运动伤害。在此过程中，要严格按照既定计划执行周训练、学期训练工作，确保学生篮球技战术能力的稳步提升。

（4）有效整合篮球训练与篮球比赛，在篮球训练计划中要有训练与比赛有机结合的相关内容，组织学生参加校内外篮球比赛，以赛代练，让学生发现自身的不足，并在后续训练中有针对性地纠正，这样，篮球教学、训练的效果和质量都会提升，也有助于对优秀篮球后备人才的培养。

在校园篮球文化建设方面，高校作为重要的科研阵地具有得天独厚的优势，当篮球技能的发展达到一定程度时，必然需要从理论方面来继续突破，高校要加强对校园篮球文化建设的深入研究，通过系统梳理、全面分析、高度总结等对校园篮球文化发展的新路径进行探索，为校园篮球文化建设提供理论支撑。

总之，学校要立足自身实际，整合资源，从思想上对校园篮球文化建设给予重视，从物质建设入手，扩大宣传和普及面，同时对教学体制加以完善，在篮球训练方面不断强化，只有如此，才能使校园篮球文化的传播力和渗透力更加强大，篮球文化建设的正面效能才能充分释放出来，校园文化和校园篮球文化的健康发展才能成为现实。

第四节　校园篮球的发展

我国校园篮球运动兴起于19世纪90年代中期，最早开展校园篮球运动的是天津、北京等城市，但因为当时社会条件的限制，校园篮球并没有得到广泛普及，学生对篮球的认识度也不高。中华人民共和国成立后，我国体育事业，包括学校体育快速发展，全国各地的学校开始广泛推广篮球运动。但是我国优秀的篮球人才主要集中在体育院校，普通学校缺少篮球教师和教练员。到20世纪80年代，随着改革开放的推进，我国社会经济、学校教育都进入高速发展阶段，学校教育体系内的校园篮球也迎来了良好的发展机遇，经过多年发展，取得了良好的成效，当然也因为各方面因素的影响而面临着发展的困境，需要从实际出发，采取有效的策略突破困境，推动校园篮球的进一步发展。

本节主要从校园篮球发展的成就、影响因素以及发展策略三方面探讨校园篮球的发展。

一、校园篮球的发展成果

校园篮球秉承篮球回归教育、融入校园的科学理念，经过政府的扶持、学校的努力以及社会的支持取得了良好的发展成就。

（一）推进校园篮球特色学校建设

2016年，教育部门为全面推进学校体育改革，促进校园篮球教学水平的提高，改善学校师资水平，开始在一些省（市）推进校园篮球试点建设工作，主要在中小学校展开基本布局。经过几年的努力，校园篮球特色学校建设水平不断提高，校园篮球特色学校的数量有所增加，全国各地校园篮球特色学校的分布也日渐合理化。

后来，我国建设校园篮球特色学校打破了追求数量的局限，开始强调质量，校园篮球特色学校建设逐渐形成了试点布局—基本布局—合理布局的趋势。篮球特色学校布局覆盖全国，篮球人才资源尽可能按需分配。当前，我国持续推进校园篮球特色学校建设，促进了校园篮球影响力的提升和校园篮球的持续发展。

（二）校园篮球教学、训练和竞赛体系逐渐完善

校园的主力群体是学生，校园篮球主要面向在校学生开展。2018年，我国制定《青少年校园篮球教学指南》，以指导校园篮球活动在篮球特色学校和普通中小学的开展为主要任务，有效指导与帮助了体育教师组织校园篮球教学活动。此外，学校在校园网平台上传线上篮球教学视频，以促进篮球基础知识的普及。另外，教育部门大力出台有关政策，推动校园篮球课程教学

第一章 校园篮球概论与发展

的深化改革。篮球逐渐成为全国多个省市中考体育的考核内容之一，这有效激励了广大学生在课余时间参与校园篮球活动。

在校园篮球训练方面，篮球训练课程的建设保证了学生参与校园篮球的时间，提升了学生的篮球水平。

在校园篮球竞赛方面，建立了从小学到大学的一条龙竞赛体系，并集"校内竞赛—校级联赛—选拔性竞赛"为一体。

总之，在全国各地的推进下，校园篮球的教学体系、训练体系和竞赛体系逐渐趋于完善。

（三）校园篮球后备人才培养体系不断优化

随着校园篮球运动的不断发展，青少年篮球后备人才培养体系逐渐重构与演化。通过追溯我国青少年篮球后备人才培养体系的发展历程发现，其大致经历了三种发展状态，即分散、集中、多元优化，它们各自代表3种不同的人才培养模式。计划经济时期，我国实行的"三级人才培养模式"发挥了重要作用，运用该模式培养的优秀篮球人才非常多。但我国进入市场经济时期后，原有的人才培养模式已与现代篮球的快速发展态势不相符，因此我国建立起了多元化篮球后备人才培养体系。尽管当前该体系还存在一些不足，但随着培养经验的积累，我国校园篮球后备人才培养体系将不断优化，逐渐完善。

二、影响我国校园篮球发展的因素

我国校园篮球的发展主要受到以下因素影响。

（一）社会因素

社会因素也是环境因素，它对校园篮球的影响是全方位的，各地的经济水平、政府对篮球的重视程度、篮球政策的实施力度以及篮球氛围等都不同程度地影响着当地校园篮球的发展。

（二）学校因素

政府制定的有关校园篮球政策最终要在学校落实，学校落实政策是顺利开展校园篮球的基础条件，学校应依托国家相关政策，切实解决校园篮球发展中的一系列问题，如课程设置问题、场地设施建设问题、师资培训问题、校园俱乐部建设问题等，通过大力解决相关问题，为校园篮球的稳步发展提供良好的校园环境。

（三）教师因素

教师在校园篮球发展中扮演着重要角色，教师的性别、年龄、教龄、教法、教学风格、教学技能、教学经验等直接影响学生参与校园篮球的积极性和学生的篮球技战术水平。

（四）学生因素

学生是参与校园篮球活动的重要主体，校园篮球的开展水平主要体现在学生对校园篮球的参与度及其篮球技战术水平中。因此学生是影响校园篮球发展的主要因素之一。

（五）家庭因素

学生是否积极参加校园篮球活动，一定程度上受到家庭因素的影响，包括家庭所在的地域环境；家庭收入水平；家长的体育观念、素质教育观念以及对篮球的喜爱度等方面。一些家长自身不喜欢篮球运动，而且担心子女因参加篮球运动而影响文化课成绩，因而不支持子女参与任何课外篮球活动，从而限制了校园篮球的发展。

第一章 校园篮球概论与发展

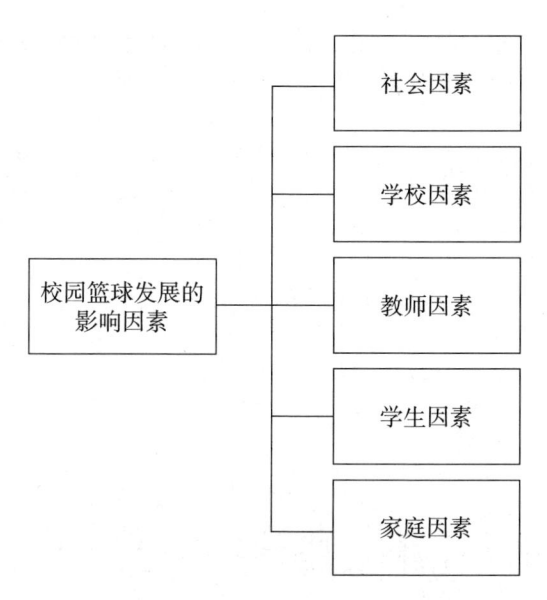

图1-4 我国校园篮球发展的影响因素

三、当前我国校园篮球发展的策略

（一）建立青少年校园篮球运动发展的动力系统

青少年校园篮球运动发展的动力系统是指为推动青少年参与校园篮球的行为而形成与发展的各种力量及其运作过程（图1-5）。青少年校园篮球的动力系统包含校园篮球运动的动力结构、动力功能、动力运作过程及原理。其中动力结构具体包括个人层次、群体层次和宏观层次。个人层次是指青少年个人因素，群体层次主要是指家庭、校园因素，宏观层次主要指国家、社会因素。因此要推动校园篮球的发展，必须从这几个层次来努力。建立青少年校园篮球发展的动力系统能够为青少年篮球发展提供适度的动力和坚实的保障，促进其可持续性发展。在动力系统的运作过程中，要积极开发校园篮球发展动力，实现从需要向行为的转化，满足青少年篮球运动发展的需要。

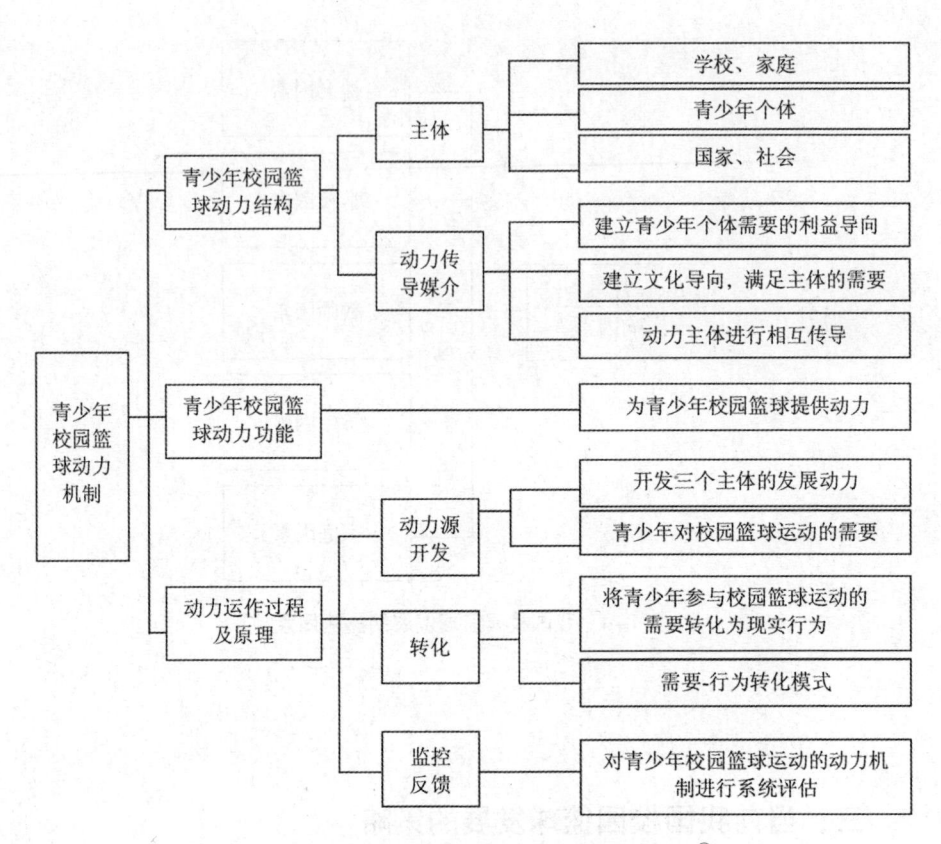

图1-5　青少年校园篮球运动发展的动力系统[1]

（二）落实国家政策

各地要积极落实国家有关校园篮球的各项政策，监督学校对政策的实施，同时要提升对校园篮球比赛的组织和管理力度、对篮球场地设施的建设力度、对校园篮球的媒体宣传力度，烘托良好的篮球氛围。

---

[1] 高治.我国青少年校园篮球运动发展的动力机制研究[D].武汉体育学院，2016.

（三）提高篮球教师的专业教学能力

校园篮球教师应积极参与篮球相关培训，提高自己的教学能力，丰富篮球课堂的多样性，这对培养学生学习篮球的兴趣和提高学生的体质健康水平有重要作用。

（四）提升家长的认识水平和支持力度

家长对校园篮球的认识和支持程度直接影响学生参与校园篮球的意识与行为。家长应积极参加学校组织的开放性篮球活动，提高自己对篮球的认识水平，正确认识校园篮球对学生的重要价值，支持和鼓励学生参与校园篮球活动，从而提升学生的健康水平，丰富学生的课余生活。

第二章　校园篮球教学理论体系构建

校园篮球教学理论体系包括篮球运动的教学理念、教学原则、教学方法、教学组织与实施、教学考核与评价等组成部分，每个组成部分在整个教学体系中都占据重要地位，发挥着举足轻重的作用，各部分之间密切联系，相互影响，相互促进。科学建设与优化校园篮球教学理论体系，要从这些重要组成部分着手，逐一建设与优化，充分发挥各部分的功能与作用，提高整个篮球教学理论体系的层次与运行质量，为校园篮球教学活动的开展提供有效指导。本章主要从篮球教学理念、教学原则与方法、教学组织与实施以及教学考核与评价等几个方面，着手构建校园篮球教学理论体系。

第一节 校园篮球教学理念

一、健康第一理念

在时代不断进步、经济迅猛发展的今天,我国对人才的需求越来越严格,对全面型人才的需求持续增加,因此学校教育在培养人才方面越来越注重全面发展。学生作为国家的未来和民族的希望,承受着一定的学习压力和就业压力,很多学生的时间被学习占满,大学生还要为就业做准备,而没有多余的时间参加体育锻炼,最终造成了学生体质健康水平逐渐下降的现状。而且很多学校对体育教育不太重视,对课外体育活动的举办也没有给予足够支持与鼓励,而且组织体能测试也不够严格,其中不乏一些假丑恶的现象,所以说学生的健康无法得到有效的保障。健康是奋斗的"本钱",学生如果身心不健康,是没有精力奋斗的,最终也没有能力为祖国建设贡献力量。为了更好地培养全面型人才,推动国家现代化建设,学校要树立"健康第一"的教学理念,在这一教学理念下制订校园篮球教学计划,加强篮球教学改革与创新,高度重视篮球教学中对学生健康体质的培养,为国家培养身心健康、全面发展的栋梁之才或身心健康、专业突出的篮球后备人才。

二、人本教育理念

人本主义理论的核心思想是,我们要以人性为中心来探讨技术性因素的发展,然后促进人与自然环境、社会环境的和谐发展。人本主义思想体现了对人性、个性的尊重,对促进人的全面发展具有重要意义。现在,人本主义理论受到了广泛的认可,在很多领域都树立了该理念,在这一思想的指导下

第二章 校园篮球教学理论体系构建

开展工作,教育领域同样如此。将人本主义理念引进教育领域,将该理念的核心思想与教育的特征相结合,从而形成了人本教育理念。

人本教育理念的基本思想是,教育活动是围绕学生这个中心而展开的,应该将教学活动的中心定位在学生角色上,而不是教师,要围绕学生这个中心角色的兴趣爱好、个性需求而设置课程,实施教学过程,要根据不同学生的不同情况而进行区别化、个性化教学,要将所有学生的潜能充分激发出来,促进每个学生健康、全面地发展。

总的来说,人本教育理念尊重人的本质属性,并由此出发通过科学教育来满足人们的心理需求,实现人的个性化发展目标,促进个体生命质量的提升,从一定程度上而言,这与全面发展的教育理念是非常契合的。校园篮球教学要树立人本教育理念,以学生为本,最终促进学生的发展。

三、游戏化教学理念

校园篮球教学如果缺少了乐趣,单纯严肃地讲解知识、传授技能,那么学生就会在漫长、枯燥的学习中失去兴趣,最终影响教学质量。所以,开发篮球教学中的趣味元素,或将有趣的游戏融入篮球课堂,或根据篮球运动的特点设计各种篮球游戏,从而提高篮球教学的趣味性非常重要。这就需要在篮球教学中树立游戏化教学理念,强调培养学生篮球兴趣和创造力的重要性,让学生的身体素质、篮球技能在充满趣味、轻松活泼的游戏中得到提升。

在篮球课堂教学中采用游戏教学法时,既可以借助篮球设计一些提升学生身体素质的游戏,也可以设计专门的篮球技术游戏,从而活跃课堂氛围,提高学生学习的积极性和学习效果。

四、终身体育理念

人们在任何时间和地点都能根据自身实际情况和现实需要而从事适宜的体育锻炼活动,这就是一般意义上的"终身体育"理念。终身体育包括学校体育、家庭体育、社会体育,这是从终身体育的构成空间上而言的。不管是什么类型的体育,都充分彰显了体育运动的重要价值,如强身健体、愉悦心理、陶冶情操、防治疾病、延年益寿、社会交往等。鉴于体育运动对人的一生都有重要意义,体育教学中必须树立终身体育理念,构建终身体育教学体系,促进体育教学的深化与拓展。篮球教学是体育教学的重要内容,同样也要树立终身体育理念,使篮球运动伴随学生的一生,为学生的健康提供终生保障。

第二节 校园篮球教学原则与方法

一、校园篮球教学原则

校园篮球教学的顺利开展与良好教学效果的取得,离不开对一系列基本教学原则的贯彻及对相关要求的执行,主要教学原则如图2-1所示。

```
                    ┌─ 师生协同原则
校园篮球             ├─ 差异性原则
教学原则             ├─ 启发创造原则
                    └─ 理论联系实际原则
```

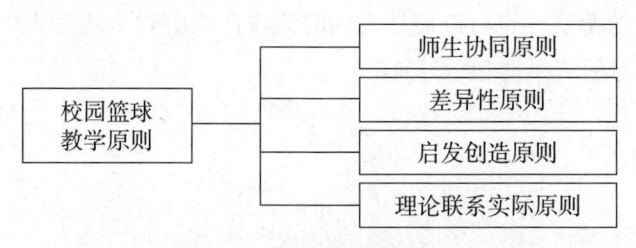

图2-1 校园篮球教学原则

第二章 校园篮球教学理论体系构建

（一）师生协同原则

在校园篮球教学中，教师的教与学生的学密切相关，相互影响，相互作用，整个教学过程也可以看作教师与学生频繁互动、协同完成教学任务的过程。鉴于校园篮球教学的这一特征，在教学中贯彻师生协同原则非常必要。在校园篮球课程教学中，既要承认与尊重教师的主导地位，也要高度重视与尊重学生的主体地位，篮球教师发挥的主导作用与学生主体的能动性相互促进与协调，要特别强调学生发挥主观能动性对提高教学效果的重要性。

在篮球教学中贯彻师生协同原则，要做到以下几点要求。

（1）篮球教师与学生之间要建立良好的关系。

（2）篮球教师要使学生掌握适合自己的学习方式，将其学习的主动性与积极性调动起来。

（3）教学生动有趣，氛围和谐活泼，师生互动体现出民主性。

（4）师生平等对话，提高互动质量。

（二）差异性原则

差异性原则是指，教师在篮球教学过程中要充分考虑学生的个体差异。因为不同学生的体质健康水平、运动基础、学习能力等存在差异，所以不适合采用一刀切的教学方法。篮球教师要根据个体差异程度采取不同的教学方法，对不同水平的学生进行不同的指导，做到因材施教。这就要求篮球教师要具有丰富的教学经验，对学生的身心发育规律、体能差异、运动水平差异有一定的了解和掌握，并能够敏锐地观察每个学生在篮球学练中的表现，适时进行正确引导。

（三）启发创造原则

在校园篮球课程教学中，教师不仅要传授篮球知识与技能，培养学生的理论素养与专项能力，还要开发学生的智力，培养学生的意志品质，丰富学生的情感，提升学生的创造力。要完成这些培养目标，就要贯彻启发创造原则，在教学过程中创设情境，设计问题，鼓励学生自主思考，独立或合作解决问题。

在篮球教学中贯彻启发创造原则，要做到以下几点。

（1）将学生的学习动机和热情激发出来，培养学生探索与创新的积极性。

（2）将培养学生的思维能力作为教学目标之一。

（3）设置适宜的、能够启发学生自觉思考的问题情境。

（四）理论联系实际原则

校园篮球教学不能只停留在课本的理论层面，还要结合学生实际情况、学校教学条件以及地方相关政策来开展教学工作，将理论与多方面实际充分结合起来，提高校园篮球教学的实效性。

在篮球教学中贯彻理论联系实际原则，要做到以下几点。

（1）适当增加理论课教学时数，培养学生的篮球理论知识素养。

（2）根据学生和学校的实际情况来实施教学内容，完成教学任务。

（3）在教学中培养学生将理论知识运用到实践活动中的意识与能力。

二、校园篮球教学方法

在校园篮球教学中，为了达到良好的教学效果，科学有效的教学方法必不可少，教师在篮球教学中要结合各方面的实际情况和为篮球教学目标服务的需求来合理采用教学方法。

下面具体分析适合在校园篮球教学中采用的几种教学方法。

（一）讲解法

讲解法是指教师使用各种符合学生认知与接受能力的语言，对篮球知识与技术方法进行讲解，使学生能够理解和记住篮球技术的动作、要领、做法及要求，通过教师的指导，学生能够顺利地掌握篮球知识与技术。采用讲解法进行篮球教学，要注意以下几点。

（1）选择简洁、形象、生动的语言进行讲解。

（2）教师在讲解时，应注意语调、节奏、表情和手势等变化，激发学生的学习兴趣。

（3）讲解应富有启发性，可适当结合提问的方式，启发学生积极主动地思考与回答。

（二）示范法

示范法是指教师准确示范篮球技术方法和动作过程，让学生对篮球技术能够有直观的、形象的了解和掌握。教师在采用示范法时应注意以下几点。

（1）每次示范应有明确的、具体的目的。为便于学生理解与接受，教师每一次示范动作最好只有一个目的，并且通过放慢速度的方式进行示范，让学生能够清晰地看到动作过程和动作要领，方便他们掌握和记忆。

（2）选择正确的示范面。常用的示范有用镜面示范、侧面示范和背面示范。教师在进行示范时，应根据动作的便捷观察角度合理选用示范面。简单的动作可以采用镜面示范；如需改变方向或是路线，则采用背面示范，便于模仿学习；如需让学生看清动作的细节，可以采用侧面示范。各种示范面也可以结合使用，根据实际情况灵活安排。

（三）练习法

在教师讲解和示范后，要让学生进行模仿和练习。在教师的指导下，学生通过模仿和自己主动思考，进行各种篮球动作的练习。练习法主要是让学生亲身体会动作的过程，通过身体力行，逐渐掌握篮球技能。运用练习法时应注意以下几点。

（1）教师应及时预防与纠正学生的错误动作，可在学生自主练习前进行提醒，也可以在学生练习过程中观察其动作，及时指出错误，帮助学生分析错误产生的原因，有针对性地给予指导和帮助。

（2）遵循循序渐进的原则，合理安排练习与休息的时间，使学生情绪饱满地投入练习。

（3）采取多种篮球游戏形式提高学生练习的兴趣和积极性，进而强化练习效果。

（四）游戏创设法

创设与运用篮球游戏是篮球教学中常用的方法之一。篮球游戏将游戏和篮球教学融合起来，突出学生学习的主体性和发展的综合性，需要在教师的有效干预下去实施。创设篮球游戏要求将其与篮球教育融为一体，使篮球教学目标在篮球游戏过程中得以实现。创设的游戏要能够使学生在良好的情境中学习，将学生的参与积极性成功调动起来。学生身心发展规律、篮球运动水平以及篮球教学训练原理等，是创设篮球教学游戏需遵循的理论依据。

在篮球游戏的运用与实施中，整个过程离不开教师的有效干预。教师的干预必须是有效的，也就是通过干预要能够对学生的学习起到促进作用，而不是一味惩罚违背游戏规则的学生或批评没有完成游戏任务的学生。游戏教学法的运用过程具体包括创编游戏、选用游戏、干预控制游戏过程以及评价游戏实施效果等环节。

（五）情境教学法

情境教学法指的是教师在教学过程中有目的地引入或创设生动形象的、具有一定情绪色彩的具体场景，引起学生的态度体验，从而帮助学生理解教材，促进学生心理机能发展的教学方法。将情境教学法引入篮球教学中，应该创建生动有趣的教学环境，使学生的娱乐需求、打球需求、交往需求、体验需求、安全需求、被理解和认可的需求等多方面得到满足。

在篮球教学中采用情境教学法，还需要使用一些新颖有趣的教学道具来激发学生的学习热情，同时要保证教学情境的丰富性、适宜性，要能够将学生的学习动机成功激发出来。

第二章　校园篮球教学理论体系构建

（六）启发式教学法

传统篮球教学中，教师采用的教学方法具有较强的指令性，教学方式以命令学生执行某个规定为主，教师在课堂上有绝对的支配权，这严重限制了学生主体性、能动性和个性的发挥，也不利于调动学生学习的积极性，对学生的长远发展是不利的。此外，教师控制课堂也忽视了与学生的互动，不利于良好教学氛围的形成。

为提高学生主动参与篮球活动的积极性，在篮球课程教学中应将一部分控制权交给学生，以启发式教学为主，篮球教师主要是利用学生的篮球基础知识、基础技能及其他相关知识等个人经验，选择学生身边发生的事例去引导他们主动思考、实践，并有所领会和感悟，这对学生掌握篮球知识和技能是有积极作用的。

在篮球教学中采用启发式教学法，教师要适当提一些问题，以开放性问题为主，体现出问题的预设性和描述性，提问要有依据，要系统一些，便于学生独自生成信息，使学生能够在问题面前主动思考、判断和做出回答。启发式教学方法的应用形式是多种多样的，包括直观启发、比喻启发、对比启发等，在教学中要灵活应用不同形式的启发方式，引导学生积极思考，强化学习效果。

（七）合作教学法

篮球是集体性球类运动，因此在篮球教学中，不仅要采用启发式教学法培养学生的积极主动性和思考能力，还要采取合作教学法对学生的团队精神、合作能力及社会适应能力进行培养。在合作教学中不仅要强调学生与学生之间的合作，还要注重师生之间的合作和教师与教师之间的合作，要营造良好的课堂氛围，具体采用学习小组的教学组织方式。在教学评价中不仅要评价个人表现和成绩，还要评价小组成绩，具体采用的教学手段要有助于促进学生良好心理品质的形成和合作能力的提升，增强学生的社会适应性。

在合作教学过程中，要合理分配学习小组，各小组分工明确，每个学生要清楚自己的角色，小组成员之间相互合作，取长补短，发挥团体的力量来提升团队成绩。

（八）多媒体教学法

当代社会，多媒体教学法已经渗透教育的各个领域，其中也包括各级各类学校的体育教学领域。面向对多媒体技术感兴趣的学生进行篮球教学，采用多媒体教学方法是非常可行的。多媒体教学中包含丰富的视听素材，可以帮助学生更快、更准确地理解教学内容，教师可以采用直观的多媒体教学手段更加生动地传授篮球技术方法与实践经验，这非常符合学生的认知水平和兴趣爱好。青少年学生的思维是形象的、跳跃的，他们更适合接受直观、形象的信息传授方式，因而采用多媒体教学方法能够使学生很快地进入学习状态中。

在多媒体设备的辅助下，教师可以将单调、难以用语言生动表达的教学内容转化为学生喜欢的动画形式，在声音、画面全面环绕的情境下，学生可以更好地集中注意力去掌握篮球技术动作。

（九）分层教学法

分层教学方法主要是在篮球教学中，教师根据学生的身体素质、运动水平、学习能力和潜力等进行具有针对性的教学。分层教学方法能够使不同学习能力的学生都能有所收获，不断进步。采用分层教学法时，要将学生分成不同层次的小组，为不同层次的小组制定不同的学习目标，并依据篮球教学内容以及学生的学习能力来制定目标，然后在目标的引领下对各小组学生进行个别化的指导。在分层教学过程中，教师要正确看待不同学生的差异性，平等对待每个学生，对层次较低的组别要多一些耐心去指导，对学生多加鼓励，激励他们进步。

需要注意的是，学生的能力水平随着不断的学习会发生变化，因此在分层教学中，经过一段时期的教学后，教师要对学生进行考核，然后根据考核结果重新分层，继续因材施教。

第二章 校园篮球教学理论体系构建

三、篮球运动技能形成过程中教学方法的选用

在篮球教学中，尤其是篮球技术教学中，学生运动技能的形成过程主要经历三个阶段，分别是认知掌握阶段、联结提高阶段以及自动化阶段。在运动技能形成的不同阶段采用的教学方法应当有所区别，具体要结合各阶段的教学需要、教学目标以及学生的实际情况灵活选用恰当的教学方法，以促进学生循序渐进地熟练掌握篮球技术，达到自动化水平，切实提升学生的篮球技能水平。

（一）认知掌握阶段的教学方法

在篮球技能教学的认知掌握阶段，学生的身体活动并不多，主要是运用大脑思维掌握运动知识，这个阶段学生以观察教师的示范和听教师的讲解为主，所以主要使用视听觉进行学习，通过观察和听讲对动作技能的基本结构及外在信息加以获取，但接收信息不是很准确，注意范围比较窄且不易集中。掌握基本外在信息后，学生练习时身体动作比较僵硬，肌肉不能收缩自如，所以影响了动作的准确性。而且学生在篮球技能学习的初始阶段心理较为紧张，因此严重制约了对动作的准确掌握，影响了学习能力。学生对自己的错误动作不自知，自主性差，对正确动作不敏感，只是比较浅显地知道动作的基本结构，了解简单的动作环节，根据初始印象来进行简单练习。

以上是学生在认知掌握阶段的主要学习特点，根据上述分析，建议该阶段选择的教学方法是讲授法和演示法。

1. 讲授法

不管在什么学科的教学方法体系中，讲授法都处于核心地位，采用讲授法可以对大量丰富的知识进行传授。教师采用讲授法，用简单易懂的语言向学生传递主要教学内容信息，包括篮球运动技能的基本知识、结构、特征、注意事项等。学生听讲后，大脑中会形成关于篮球技能的一个基本构架，在之后的练习中不断补充与完善该构架。另外，教师也可采用讲授法向学生提出问题，使学生自主思考，激发学生的探索兴趣。

2. 演示法

篮球教学是以身体活动为主的教学活动，因此只讲授是无法使学生将篮球运动技能真正掌握的，在讲授的基础上还要采用演示法，也就是直观的示范方法。教师通过正确的动作演示，使学生观察、感知，自主参与，积极练习，并摸索技巧，以提高学习效率。教师通过示范所要达到的目的是使学生对正确的篮球技术动作有清晰的认识与直观的把握，从而能够进行正确的练习。为了达到这个目的，教师应该将讲授法和演示法结合起来使用，在演示的过程中讲解重点动作阶段和动作细节，这样学生会产生更深刻的印象。在学生基本掌握某一篮球动作技能后，教师也可以故意示范错误动作，看学生通过观察能否迅速发现错误。

（二）联结提高阶段的教学方法

联结提高阶段是学生学习与掌握篮球运动技能的第二个阶段，该阶段学生基本熟练了所学技能，可以大致完成动作，而且在完成过程中不会有明显的迟疑或拖沓。此外，这一阶段学生也基本理解了篮球运动技能的相关理论知识，因而在篮球教学中要遵循精讲多练的教学原则，学生不断重复练习和教师不断强调正确的动作方法及重难点非常重要。学生只有不断练习，肌肉记忆才会越来越深刻。学生在这一阶段的学习主要还是依赖视觉与听觉，同时也依赖运动感知觉，学生接收信息的效率提升，而且能够整合运动技能的相关外部信息或内在信息，可以集中注意力处理信息。此时学生在练习时肢体不再那么僵硬，肌肉能够有控制地收缩，动作基本准确，出错减少。不仅如此，这一阶段学生的心理素质也提升了，紧张情绪减少，更加自信、从容。

学生在篮球运动技能形成的第二阶段经过不断练习，其技能动作基本完整，对错误动作有所感知，并能在自主判断和思考后改进动作。学生在大量反复练习中，将一个个单独的动作环节连接成完整的动作，以完整练习为主。但在练习中偶尔还是有错误的动作，或者是不必要的多余动作，学生认识到动作准确与连贯协调的重要性，因此会自觉改正错误。而且学生在这一阶段的学练中已经不满足于只接收与处理语言信息了，同时通过对肌肉的分析判断而获得更深刻的体验与感受。从这一阶段学生的学习特征和学习需要出发，适合采用的教学方法是掌握动作技能法及练习法。

1. 掌握动作技能方法

这是一类宏观的教学方法，包括多种具体的教学方式，如讲解和示范、预防与纠正等，采用这一教学方法时要注意结合学生在运动技能形成的第二阶段的学习特征进行灵活教学，遵循运动技能形成的规律，注重对篮球技术动作细节的解剖与提示，要在示范过程中提出明确的要求，使学生按要求规范练习，提高动作质量。由于该阶段学生在练习中还是会出现一些错误，因此有必要将预防与纠正错误教学法运用到该阶段的教学中。教师总结学生的常见问题及产生原因，使学生在练习时有意识地避免出现同样的错误，从而起到预防的作用。采用掌握运动技能教学法要注意因人而异，分析学生的个体差异，适当改变这些教学方法的运用方式，以适应不同个体的特征，满足不同学生的需要。

2. 练习法

这一阶段适合采用的练习法是分解和完整练习以及重复练习。通过分解练习，掌握每个动作环节和细节，熟练各个部分的动作后，将它们串联起来完整演示，并反复练习，这样既能起到对教学过程的简化作用，又能使学生对篮球技术动作细节有更清晰和熟练的掌握。需要注意的是，分解练习时间不宜过长，长期进行分解练习容易使学生把握不住完整动作的节奏，而且也会影响整个动作的完成速度，影响动作的连贯性与整体性，因此要特别重视从分解练习向完整练习的过渡。重复练习也是重复进行完整练习，以加深肌肉记忆，提高动作的熟练度。

（三）自动化阶段的教学方法

自动化阶段学生已经将篮球运动技能熟练掌握，对动作有了肌肉记忆，上手就能立刻做出动作。这时候学生捕获信息主要依赖于神经肌肉运动及各关节活动提供的内部信息，对信息的接收及处理主要来自对外界环境的判断；动作技能稳定、有一定的耐受力、动作准确性进一步提升；心理相对来说更加放松。从终身体育理念考虑，在自动化阶段教师应使学生从简单的身体练习转变为感受运动的乐趣、享受运动，从而使学生在课程结束后也可以自觉参与练习。在终身体育理念下，自动化阶段适合采用的教学方法是比赛法、游戏法以及发展个性、品德教育方法。

1. 比赛法和游戏法

在运动技能形成的最后一个阶段，学生基本能自动化地完成篮球技术动作，这一阶段适合采用比赛教学法和游戏教学法。教师要创建良好的比赛环境，提出严格的比赛规则和统一的比赛要求，使学生在比赛中完成较大强度的练习。比赛教学法有很强的操作性，学生在比赛中能够将个人主体性充分发挥出来，并展示自己的技能，将自己的风格发挥得淋漓尽致，同时也能使自己的技术能力、团队协作能力得到进一步强化。

游戏教学法相对轻松一些，有些青少年学生好胜心强，在比赛中如果没有取得好成绩就会失落，失去自信，甚至失去学习的兴趣与动力，可见比赛给这些学生带来的心理压力是很大的，而轻松愉悦的游戏法作为一种常见的趣味性教学方法能够被学生普遍接受。

总的来说，采用游戏法和比赛法的目的相同，都是为了使学生对篮球课产生浓厚的兴趣，提升学生参与的积极性，培养学生的团体精神，并巩固与强化其所掌握的篮球运动技能。

2. 培养思想道德、发展个性的方法

比赛教学法与游戏教学法有助于培养学生的团队合作精神和持之以恒的毅力，最终能够促进学生思想道德素质的提升。但是采用游戏或比赛法也可能产生不好的结果，如学生因表现不好而懊恼、自责，或埋怨同伴，或失去信心，在同场对抗性篮球比赛中也可能因为相互碰撞而产生摩擦，导致同学关系紧张，面对这些情况，教师不仅要及时解决矛盾，处理问题，还要借机让学生明白团结协作的重要性，使学生了解比赛难免会失败，要以正确的态度面对失败，同时要让学生认识到良好的道德素质在比赛中的重要性，培养与提升学生的道德品质。

随着体育教学的深入改革，对学生的全面发展提出了新的要求，在体育教学中不仅要关注学生身心健康和运动技能水平，还要对其情绪、情感予以关注，发挥体育教学的情感功能，培养学生良好的道德素质，健全学生的人格，使学生树立正确的价值观。这些需要篮球教师在教学中加以重视。

第二章　校园篮球教学理论体系构建

在发展个性方面，篮球教师应分析学生的不同个性特征，客观看待学生的个体差异，从不同学生的个性特征出发进行因材施教，尊重学生的个性，鼓励每个学生发挥自己的特长，真正贯彻"以人为本""个性化教学"的教学理念，为学生的全面发展打好基础。

第三节　校园篮球教学的组织与实施

一、校园篮球教学的常见组织形式

校园篮球教学的组织可分为以下几种形式（图2-2）。

（一）理论课

篮球理论课是通过讲授的方法，向学生传授篮球运动的基本理论和方法。

（二）实践课

篮球实践课是以实际操作为基本手段的课程，包括体能课、技战术课、训练课、比赛课等，学生通过大量的练习掌握篮球技术、战术，增强体能，提升实战能力。

（三）观摩讨论课

篮球观摩讨论课是组织学生观察教学训练课，然后各个学习小组自由讨论，从而培养学生分析和解决问题的能力。

(四）实习课

篮球实习课是为学生提供执教、执训及执裁的机会，使学生体验不同的角色，培养学生的实践能力，提高学生的篮球综合素养。

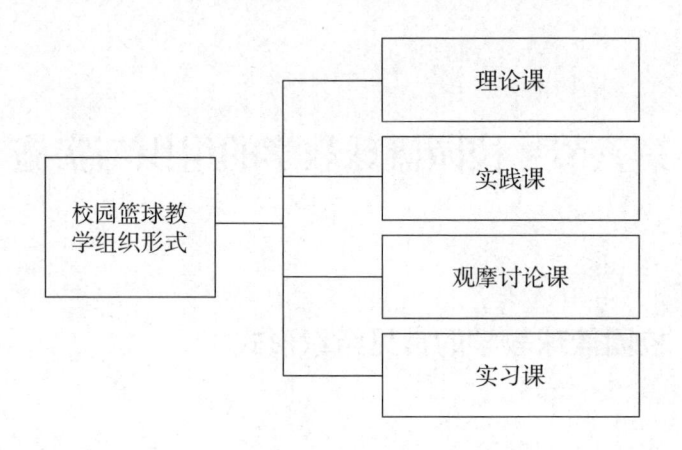

图2-2 校园篮球教学的常见组织形式

上述几种组织形式中，理论课与实践课形式最为常见，相对更加重要，下面重点分析这两类课型的组织与实施方法。

二、校园篮球理论课与实践课的组织与实施

（一）篮球理论课的组织与实施

篮球理论课的课时虽然没有实践课的课时多，但理论教学依然很重要，不能忽视。学生学习与掌握篮球技战术，参与篮球训练和比赛，都离不开基础理论知识的指导，理论知识扎实的学生在实践课上的学习效率更高，更容易理解各项技战术的含义与意图，所以篮球理论课教学至关重要。

第二章　校园篮球教学理论体系构建

篮球理论课以集体教学的形式组织与实施，全班学生坐在教室里，教师在讲台上用PPT授课，主要教学方法是语言法，具体形式有讲解、讨论、提问、答疑等。教师系统地讲授篮球理论知识，使学生形成对篮球运动的感性认识，然后逐渐向理论层面发展，进而指导学生对篮球技战术的学习，为提高学生的实战技能水平做好准备。

讲授篮球基础知识是篮球理论课教学的一部分，除此之外还要开展素质教育，培养学生的集体主义精神、意志品质、爱国主义精神等，以促进学生综合发展。

篮球理论知识相对较为枯燥，为调动学生的学习兴趣，教师要采取有趣的方式进行教学，如采用情境教学法启发学生思考，安排学习小组共同讨论与解决问题等。

（二）篮球实践课的组织与实施

篮球实践课教学分三部分展开，第一部分是准备部分，也是热身部分；第二部分是基本部分，是整节课的重要部分；第三部分是结束部分，也是放松整理部分。

上述每个部分的教学目标与任务、教学内容和组织方式都各有差异和侧重，时间长短也不同。这几个部分既相对独立，又密切联系，不能将它们完全割裂开，要注意内在逻辑联系，紧密衔接，以提高整体教学效率。

表2-1　篮球实践课的组织实施[①]

	准备部分	基本部分	结束部分
教学目的	使学生身心进入学习状态，为正式学习做好准备	使学生掌握、提高篮球技能，增强体质，锻炼意志力	有序结束本节课

---

① 陈钧，郭永波，杨改生.篮球理论教学概论：运动系专修[M].北京：北京体育大学出版社，2007.

续表

	准备部分	基本部分	结束部分
教学任务	（1）明确说明本节课的教学目标、任务 （2）组织学生做好热身准备	（1）根据教案安排各项技战术的教学 （2）将体能练习和心智能的培养融入技战术教学中	（1）使学生身心恢复到运动前状态 （2）总结本节课的教学内容和教学重难点 （3）了解学生的收获和不足
教学内容	（1）整队、考勤、检查学生的服装 （2）讲解本课教学目标、内容、要求 （3）布置学习任务 （4）带领学生做走跑、拉伸练习 （5）组织简单的球类游戏	（1）围绕教学目标与任务及教学内容而选用教学方法 （2）教师不断讲解、示范，学生自主练习，教师指导与纠错，提高学生篮球技能	（1）中小强度练习，如慢跑、投篮、放松按摩等 （2）小结与评价 （3）布置作业 （4）说明下节课的教学内容及需要学生准备的事项
组织实施	集体热身练习	（1）集体教学或分组教学 （2）先教新内容，再复习旧内容或先复习旧内容，然后将新内容引入，注意新旧学习内容的内在联系 （3）实施教学方法要注意不同方法之间的联系，循序渐进展开教学，逐渐增加练习的数量和难度 （4）教师通过改变练习形式、增减练习次数等方式调整练习强度 （5）在基本部分结束前安排教学比赛或身体练习	（1）集体形式 （2）小结与评课时要求队伍整齐 （3）既要表扬，也要批评，准确、恰当、全面地评价 （4）着重指出学生的普遍问题，并提出纠正方法
时间	15~20分钟	75~80分钟	5分钟

第二章 校园篮球教学理论体系构建

三、篮球教学课的教案编写

篮球课教案也就是篮球课时计划，这是非常重要的篮球教学文件，是篮球教师组织与实施课堂教学的重要依据。教案是备课的成果，教案中有关于课堂教学组织实施方法与过程的内容，这是非常重要的教学信息。

（一）篮球教案的编写格式

篮球教师常常使用表格形式设计篮球教案，尤其是篮球实践课的教案，表格式教案形式简单，明确了课堂教学的结构、内容、组织形式与方法，而且不同教学部分的教学目标与任务、教学内容与方法以及教学组织形式是相对应的。课堂结构明确，教学重难点明确，时间分配明确，各部分的教学连贯衔接，形成一个整体。

常见的篮球教案表格形式见表2-2和表2-3。

表2-2　表格式教案一[①]

班级		人数		课次		上课日期	
教学内容							
教学任务						课的类型	
课堂结构	时间分配						
准备部分							
基本部分							
结束部分							
器材与设备				运动负荷曲线			
课后小结							

[①] 张亚辉，王成军，杨君伟.实用篮球教学理论与方法[M].西安：西安地图出版社，2007.

表2-3　表格式教案二[①]

班级	人数		课次		上课日期	
教学内容			教学目标、任务			
课堂结构	时间	授课内容	组织工作	教学步骤	常见问题与处理	

（二）篮球教案的编写要求

1. 准确提出教学任务

篮球教师在备课和设计教案时，必须明确这节课的教学目标，要依据教学目标而确定教学任务，教学任务必须是具体的、可完成的，是能够对教学效果和教学目标的达成程度进行检验的。教学任务的用词必须严谨、具体，不能抽象概括，如将"掌握篮球技术"的教学任务改为"初步掌握篮球技术或基本掌握篮球技术"，将运用篮球技能改为"初步运用篮球技能或熟练运用篮球技能"，要根据教学对象的实际情况而确定"初步""基本""熟练"等程度词汇。

2. 正确选用教学方法

篮球教师在不同教学阶段都要从众多教学方法中挑选适宜的教学方法，选择教法时，教学目标与任务、教学条件、教师能力、教学内容等都是必须参考的重要依据。为满足教学需要和提高教学的趣味性，教师往往要采用多种教学方法，但因为课时有限，所以要有侧重地实施各种教法，充分发挥不同教学方法的价值与作用。

[①] 张亚辉，王成军，杨君伟.实用篮球教学理论与方法[M].西安：西安地图出版社，2007.

3.合理安排负荷

篮球实践课上学生的练习活动占用了大量时间，学生的练习效果及实践课的教学效果与运动负荷密切相关，因此安排运动负荷很重要。篮球教师要循序渐进安排运动负荷，通过改变运动量、练习时间、练习强度、练习密度、练习难度等要素来调整运动负荷，旨在促进学生通过有效练习而熟练掌握与运用篮球技战术。

4.前后课次合理衔接

设计一节课的教学计划，要参考前一节课的计划内容，并设想下节课的教学计划，不仅相邻课次要紧密衔接，而且各个单元的教学也要密切联系，避免学生学习新知识就忘了旧知识，要促进学生实现知识与技能的正向迁移，达到温故知新的学习效果，从而提高学习效率和学习水平，达到有效学习的良好效果。

第四节 校园篮球教学考核与评价等

一、校园篮球教学考评的形式

篮球教学考核与评价的内容主要包括篮球理论知识考核与评价、篮球技战术考核与评价，对不同的内容需采取不同的考评方式方法，下面进行简要分析。

（一）篮球理论知识考评

在篮球理论知识考评中，经常采用的方式有以下几种。

1.笔试

考试有闭卷考与开卷考两种形式，前者适用于低年级篮球考核，后者适用于高年级篮球考核。

（1）闭卷考试

针对记忆性篮球知识，一般采用闭卷考试的形式。

（2）开卷考试

开卷考试能够客观评价学生运用篮球知识解决问题的能力。

2. 口试

口试的直观作用在于考查学生的语言表达能力及其对篮球理论知识掌握的广度与深度。

3. 课外作业

课外作业是对学生综合能力进行考核的一个重要方式，学生课外作业的完成质量，能够反映出其对所学篮球理论知识的理解深度，及运用所学知识解决实际问题的能力。

篮球理论考试试题的题型及内容参考表2-4。

表2-4 篮球理论考试试题的题型、内容[①]

内容 题型	篮球运动概述	篮球技术	篮球战术	篮球技、战术教学	篮球规则与裁判法	篮球竞赛组织与编排	合计
填空	3%	6%	2%	2%	5%	2%	20%
选择	2%	6%	4%	2%	5%	1%	20%
判断	3%	5%	4%	3%	5%	2%	22%
概念	2%	5%	4%	3%	4%	2%	20%
计算	0%	0%	0%	0%	0%	2%	2%
绘图	0%	0%	4%	3%	2%	1%	10%
论述	0%	2%	2%	1%	1%	0%	6%
合计	10%	24%	20%	14%	22%	10%	100%

---

① 黄滨，翁荔.篮球运动[M].杭州：浙江大学出版社，2014.

第二章 校园篮球教学理论体系构建

(二)篮球技战术考评

篮球技战术主要考评方式如下。

1. 定性测量

定性测量是对定性指标的测量,在篮球教学中,定性指标是篮球技术动作的规范程度指标,要参照预定的技术规格进行赋值,在测量过程中,教师要根据学生完成技术动作的质量来打分。

2. 定量评价

定量评价是对定量指标的衡量与评价,篮球教学中常见的定量指标有跑的速度、跳的高度、球的命中次数等。定量评价要有可参考的样本,要根据学生的实际情况确定测量方法和评价标准。

现场观察、指数评价等评价方式在篮球技能考核中运用较多,通过观察、统计,获取相应信息与数据,对此进行综合分析,对结合指数指标做出客观评价(表2-5)。

表2-5 篮球技术水平统计分析表格示例[1]

受试学生 \ 评分项目(满分10分)	技术全面性(分)	技术熟练性(分)	技术对抗性(分)	技术应变性(分)	总计(分)
A	8	8	8	7	31
B	5	6	4	5	20
C	8	8	4	3	23
D	7	8	5	5	25
F	5	4	3	5	17
F	9	9	8	8	34
……	8	4	7	5	24
备注					

---

[1] 刘强.基于多维视角的高校篮球教学研究[M].北京:人民日报出版社,2017.

二、校园篮球教学考评示例

（一）身体素质考评

1. 力量和爆发力

（1）仰卧起坐

仰卧起坐测试指标适用于女生，记录女生在1分钟内完成标准仰卧起坐的次数。

评分标准见表2-6。

表2-6 女生1分钟仰卧起坐评分标准[①]

分数	1分钟完成次数
100	50
95	48
90	46
85	44
80	42
75	40
70	38
65	36
60	34
55	32
50	30
45	28
40	26
35	24
30	22

---

① 唐建倬，周琥，邹卫国.现代篮球运动教程（理论 方法 实践）[M].广州：华南理工大学出版社，2014.

第二章　校园篮球教学理论体系构建

（2）立定跳远

立定跳远测试指标适用于男生和女生。测量从起跳线到受试者脚跟的距离。评分标准见表2-7。

表2-7　立定跳远评分标准

分数	男生（米）	女生（米）
100	2.65	2.06
95	2.60	2.02
90	2.55	1.98
85	2.50	1.94
80	2.45	1.90
75	2.40	1.85
70	2.35	1.80
65	2.30	1.75
60	2.25	1.70
55	2.20	1.65
50	2.16	1.60
45	2.12	1.55
40	2.08	1.50
35	2.04	1.45
30	2.00	1.40

2.耐力素质

以2 000米（男）/1 600米（女）跑测试为例。测试场地为400米田径场，受试者要提前做好准备活动，以免在测试中发生损伤。评分标准见表2-8。

表2-8　2 000米（男）/1 600米（女）跑评分标准

分数	男生 2 000米跑（分、秒）	女生 1 600米跑（分、秒）
100	8′00″	7′30″

续表

分数	男生 2 000米跑（分、秒）	女生 1 600米跑（分、秒）
95	8′ 15″	7′ 45″
90	8′ 30″	8′ 00″
85	8′ 45″	8′ 15″
80	9′ 00″	8′ 30″
75	9′ 15″	8′ 45″
70	9′ 30″	9′ 00″
65	9′ 45″	9′ 15″
60	10′ 00″	9′ 30″
55	10′ 15″	9′ 45″
50	10′ 30″	10′ 00″
45	10′ 45″	10′ 15″
40	11′ 00″	10′ 30″
35	11′ 15″	10′ 45″
30	11′ 30″	11′ 00″

3. 速度和灵敏性

以5.8米×6次往返跑测试为例。受试者从端线后快速跑到罚球线后，然后折返跑，往返3次，5次急停，统计总共所用的时间。

评分标准见表2-9。

表2-9　5.8米×6次往返跑评分标准

分数	男（秒）	女（秒）
100	9″ 6	10″ 4
95	9″ 8	10″ 6
90	10″ 0	10″ 8
85	10″ 2	11″ 0
80	10″ 4	11″ 2
75	10″ 6	11″ 4

第二章　校园篮球教学理论体系构建

续表

分数	男（秒）	女（秒）
70	10″8	11″6
65	11″0	11″8
60	11″2	12″0
55	11″4	12″2
50	11″6	12″4
45	11″8	12″6
40	12″0	12″8
35	12″2	13″0
30	12″4	13″2

（二）技术考评（以投篮技术考核为例）

在初级水平的篮球技术考核中，对学生投篮技术进行测评，可具体考核其原地投篮能力、行进中投篮能力，选用丰富的测试内容，或对同一测试内容进行多次重复测试，可以提高测试结果的准确性和测试的效果。这主要是因为学生在初步掌握投篮技术后，技术还不稳固，如果只采用单一的内容来进行测试，或对同一测试内容展开少数的测试，是难以达到预期考核目的的。下面主要选取原地投篮技术这项考核内容来进行具体分析。

1. 篮下连续投篮

对于初学篮球技术的学生而言，尤其是女生，先学习篮下连续投篮比较容易。

（1）考核方法

学生站在篮下任意位置做好投篮准备，教师发出"开始"口令的同时开始计时，学生听到口令后立即连续投篮（自己捡球），30秒后停止投篮，学生投篮的同时，教师在一旁统计投中个数，考核结束后，教师宣布投中个数。

（2）考评标准

篮下连续投篮的考评标准见表2-10。

2. 罚球线连续投篮

不管是对男生的投篮能力进行考核，还是对女生的投篮技术水平进行考核，都可以采用罚球线连续投篮这一方法。

（1）考核方法

学生站在罚球线处做好投篮准备，教师发出"开始"的口令同时开始计时，学生听到口令后采用自己习惯的投篮姿势连续投篮1分钟（由同学递球），学生投篮的同时，教师在一旁统计投中个数，考试结束后，教师宣布投中个数。

（2）考评标准

罚球线连续投篮的考评标准具体见表2-10。

3. 连续10次罚球

要对学生的基本投篮功底和原地投篮能力进行检验，可采用连续10次罚球的方法，而且这一测试对男女生都适合。

（1）考核方法

学生站在罚球线处做好投篮准备，教师发出"开始"口令，学生听到口令后连续罚球10个（由同学递球），学生投篮的同时，教师在一旁统计罚中个数，注意只统计符合规则要求的罚中个数。

（2）考评标准

连续10次罚球的考评标准见表2-10。

表2-10　篮球初级水平投篮技术考核内容及标准[①]

评分 \ 测试结果 \ 测试项目 \ 性别	男生 篮下投中（个）	男生 罚球线投中（个）	男生 罚球罚中（个）	女生 篮下投中（个）	女生 罚球线投中（个）	女生 罚球罚中（个）
100	15	16	7	12	10	6
95		15				

---

① 黄滨，翁荔.篮球运动[M].杭州：浙江大学出版社，2014.

第二章 校园篮球教学理论体系构建

续表

测试评分\测试结果\测试项目\性别	男生			女生		
	篮下投中(个)	罚球线投中(个)	罚球罚中(个)	篮下投中(个)	罚球线投中(个)	罚球罚中(个)
90	14	14	6	11	9	5
85		13				
80	13	12	5	10	8	4
75		11		9		
70	12	10	4	8	7	3
65	11	9		7	6	
60	10	8	3	6	5	2
55	9	7		5	4	
50	8	6	2	4	3	1
45	7	5		3	2	
40	6	4	1	2	1	
35	5	3		1		
30	4	2				

第三章　校园篮球教学现状与改革创新

篮球作为深受青少年学生喜欢的一项运动，在校园的开展越来越普遍。篮球教学是校园篮球活动开展的主要形式之一，篮球课程在我国学校体育教学中占据重要地位，篮球教学研究也深受重视，篮球教学的相关研究成果不断增加，对推动篮球教学的改革与发展具有重要指导意义。本章主要对我国校园篮球教学现状与改革创新进行研究，内容主要包括校园篮球教学现状与问题分析、校园篮球教学改革的建议、校园篮球教学要素的创新、多元视角下校园篮球教学的优化改革以及校园篮球精品课程建设。

第一节 校园篮球教学现状与问题分析

一、篮球教学受重视程度较弱

在全面发展教育的理念下,学校体育的地位越来越重要。"健康第一"与"终身体育"思想在学校的落实情况主要从学校体育教学的开展情况中体现出来。在青少年学生身心全面发展的重要阶段,不仅要重视培养学生的价值观、人生观与世界观,还要重视对学生终身体育观念的培养。但由于近年来学校体育课上频频出现学生受伤的问题,所以一些校领导为了保障体育课安全,不建议开展可能造成安全事故的体育活动,其中包括篮球运动。

学校领导对篮球教学活动的重视程度较弱还包括以下原因。

(1) 学校体育经费有限,没有足够的资金来支持篮球教学活动的开展。

(2) 学生文化课紧张,用大量时间学习文化知识,而且学校的口碑主要是看升学率。

二、篮球教学条件得到改善,但仍不能满足需要

学校开展体育教学,需要具备的最基本物质条件就是体育场地与设施。学生在篮球课上能否实现增强体质、提高篮球技术水平的目标,通过篮球教学活动能否使学生的文化生活更加丰富,这些都会受到学校篮球场地与设施的数量和质量的影响。

随着经济的发展,近几年我国各地的体育场地与设施建设普遍得到改善,而且因为学生的身体素质和健康受到了教育部门的重视,所以学校体育场馆与设施的建设力度也在提升。通过调查我国部分地区学校篮球场地的情况后了解到,很多学校篮球场地建设不断发展,户外篮球场地普遍建设良

第三章 校园篮球教学现状与改革创新

好,室内篮球馆建设较少,而且篮球教学活动很少使用室内篮球场馆,室内球馆主要用于开展学校活动、篮球训练与比赛等。

学校的篮球场馆与设施并不是越多越好,关键要看其能否满足篮球教学的需要,有时仅有的几块篮球场地也能满足篮球教学,而有时再多的篮球场地也会因为学生人数增加、质量问题等而无法满足教学需要。据调查了解到,一些学校的篮球场地本来就不是很多,有一些场地和篮圈损坏严重,又得不到及时维修,一些学生会为了争夺好场地而吵架甚至斗殴,败坏了学校风气,影响了学生团结。这表明学校篮球场地无法充分满足学生的需求,学校应加强管理,注重对篮球教学活动的合理安排,为学生营造良好的运动环境。

三、篮球课开展现状与问题

(一)教学组织形式的基本情况

在体育教学活动中,充分利用有效的教学空间和时间,使师生、生生之间进行信息交流、人际沟通,从而达到一定体育教学目标的组织结构形态就是体育教学组织形式。传统体育教学以自然的行政班这种教学形式为主,集体教学,统一管理,但因为一些客观因素的影响,所以教学效果总是达不到预期。

很多学校在篮球教学中采用的是自然行政班的教学组织形式,该组织形式有助于教师组织集体教学,但因为学生个体差异明显,教师又无法因材施教,所以导致篮球教学效果不佳,这对学生学习篮球的积极性和良好体育锻炼习惯的养成造成了严重影响。

(二)教学内容的基本情况

参与篮球运动不但能够增强体质,强身健体,还能锻炼意志品质,正因为篮球运动具有多方面的功能与价值，广大学生才对这项运动十分喜爱。在体育教学中，依据教学目标选择教学内容，以学生的发展需要和教学条件为依据加工教学资源，在特定的体育教学环境下给学生传授体育知识与技能，引导学生进行身体练习，使学生获得深刻的运动体验，这能够有效提高体育教学效果。篮球教学内容的选择与开发也是同样的道理。

体育教师应以学生的篮球技术水平、篮球教学目标为依据，合理选择与安排篮球教学内容，教学对象（学生）、教学目标和教学内容三者之间密切相连，教学目标应科学合理，教学内容应丰富有效，从而推动教学对象的全面发展，促进篮球教学效果和质量的提升。

调查发现，大部分教师以篮球基本技术作为主要教学内容，也有教师选择篮球比赛、篮球组合技术、篮球基本战术、篮球规则、篮球游戏等作为主要教学内容。篮球教师对篮球教学内容的选择情况反映出以下几个问题。

第一，篮球教师在篮球教学内容的选择中没有将学生的全面发展重视起来。

第二，篮球教师对基本战术教学不够重视。

第三，在篮球教学过程中学生对篮球规则缺乏深入的了解。

（三）教学考核的基本情况

每学期在所有的篮球课都结束后，学校会组织对学生的考核，检验学生的学习情况，判断学生是否合格与达到相应的考核标准，这有助于对学生产生激励作用，使其在篮球教学活动中更加积极地学习。期末考核也是教师了解学生整体学习情况，发现教学中存在的问题，从而不断改进篮球教学方法和完善教学效果的重要手段。

调查发现，大部分教师将篮球技能、学生课堂表现、考勤情况作为主要考核内容。但大部分学校的篮球考核标准都比较抽象、模糊，针对考核不通过的学生，学校会安排补考或采取其他相关措施。总体上，篮球考核标准与措施不够系统与规范，这导致预期的考核目标难以顺利实现。对此，学校和教师应重视对篮球教学考核体系的完善。

四、篮球师资结构有待优化

篮球教师是篮球教学的重要组成部分，是篮球知识的传播者，篮球教学质量、学生对篮球运动的兴趣、学生的学习效率等，直接受篮球教师的数量、教学能力与专业素质的影响。有关文件规定，学校应在各级教育行政部门核定的教师总编制数内，以教学计划中体育课授课时数所占的比例和课余体育活动的开展需要为依据，对体育教师进行合理配置，学校应以学校女生数量为参照配备一定的女性体育教师。对于培养体育后备人才的学校，应适当增加体育教师的配备。

从年龄来看，篮球是技巧性运动项目，因此篮球教学对教师的体能和精力提出了较高要求。学校要上好篮球课，就要对男女生的体能差异、兴趣差异、生理差异等进行综合考虑，对男女教师比例合理安排，针对男生与女生分别教学，这对促进师生之间的良好沟通和交流，使教学计划与运动强度得到合理安排与控制具有重要意义。因此，对篮球教师的年龄结构与性别组合进行优化，在一定程度上能够为学校篮球教学活动的顺利开展提供重要保障。

当前，我国在职篮球教师主要是中青年，总体上篮球教师的年龄结构比较合理，学校应以不同年龄教师的优势为依据为其合理分配不同的教学任务，让年轻教师有更多的机会锻炼自己，实现自己的价值，同时为篮球教学的发展贡献自己的力量。

从性别来看，我国篮球教师中男女比例失衡，男教师人数明显多于女教师，主要原因如下。

第一，学校更愿意聘任男教师，以促进室外篮球教学活动和教职工比赛的顺利开展。

第二，高校体育专业的女生较少，选择篮球专项的女性更少，所以女性教师数量比男性教师少。

篮球教师性别比例失调对学生学习的兴趣和篮球运动教学质量有一定程度的影响。

从职称来看，在现代篮球教学中，篮球教师的职称评定成为一个热门话题，学校教师向高一级职称晋级时有一定难度，教育部限制每所学校教师的晋级名额，学校一般以教师的教学工龄、教师对学校教育事业所做的贡献等情况为依据，采用优胜劣汰的方法决定有哪些教师可以晋升高一级的职称。对此，篮球教师应从自身实际情况出发，不断学习，抓住机会参加重要的培训活动，使自己的专业素质、科研水平不断提高，为晋升高一级职称打好基础、做好准备，在不断提升自己的同时推动篮球教学的进一步发展。

第二节 校园篮球教学改革的建议

篮球教学质量的提升，无论对于学校体育教学还是学生而言都具有非常重要的意义。因此，一定要努力促进篮球教学质量的提高。通过多年来的实践总结，可以采取以下策略来推动校园篮球教学改革，促进篮球教学质量的提升。

一、更新篮球教学思想

（一）重视篮球文化发展

文化要素在整个社会的发展中都扮演着至关重要的角色，因此篮球运动的发展也要非常重视这一方面，学校的领导及教师、工作人员等都不能忽视篮球教学活动中的文化要素，要提高篮球教学活动的文化性，这样有利于营造浓厚的校园篮球文化氛围，从而吸引学生积极参与篮球运动。一般来说，构建篮球运动文化体系主要采取以下措施。

1. 重视篮球理论课的合理安排

当前我国学校篮球教学存在着重实践轻理论的现象，这种状况需要引起

第三章 校园篮球教学现状与改革创新

重视。在篮球运动教学体系中，篮球理论扮演着十分重要的角色，它能为教学实践提供必要的理论指导，确保篮球教学实践活动的科学性。因此，加强篮球理论知识教育非常重要，通过教师在课堂上的讲解，学生能充分了解和掌握当今篮球发展的动态与基本知识，提升自己的理论知识水平，这样才能培养出高素质的篮球人才。

2. 重视篮球课育人价值的发挥

除了加强篮球理论与实践教学外，教师还要充分发挥篮球运动的育人价值。篮球比赛非常激烈，在比赛中充满了身体对抗，通过各种冲撞与对抗，能帮助学生磨砺自己的意志，培养乐观坚强的精神品质，进而形成良好的品格。由此可见，篮球的育人价值在学校教育中得到了充分发挥。

总之，在篮球教学中，追求教学成绩并不是唯一的目标，让学生充分理解发展篮球运动的意义，促进学生的个性化发展，帮助学生养成终身体育的意识与习惯也是非常重要的目标。在具体的篮球教学中，篮球教师要采取各种手段与措施引导学生主动投入篮球教学之中，培养和增强学生主动学习的意识。

（二）培养学生终身体育意识

通过篮球教学，还能培养学生的终身体育意识与习惯。一般来说，终身体育教育主要包括以下两个方面。

（1）人的一生都离不开运动锻炼，只有长期参加体育锻炼才能实现身心全面发展的目标。

（2）体育运动锻炼的内容与形式有很多，人们可以根据自己的身体特点及兴趣爱好自由选择运动的内容和形式，从而提升自身的终身体育能力。

在篮球教学中，篮球教师要积极引导学生树立终身体育的思想，让学生养成长期参加体育运动锻炼的良好习惯。由于篮球运动具有趣味性和娱乐性，能极大地激发学生参与的兴趣，这对培养学生的终身体育意识是一种有效的手段，因此在平时的篮球教学中教师要充分利用好这一手段。

二、明确篮球教学目标

　　影响学生学习水平或者学习成绩的因素不外乎有两个，即智力因素和非智力因素。一般来说，智力因素受到管理者和教师的普遍重视，而非智力因素一般都没有人注意，这是一种错误的做法。篮球教学不仅要培养学生的基本知识与技能，同时还包括道德品质教育、美育等内容。

　　我国学校一般都比较重视学生德智体美的发展，而不够注重学生个性化及独立能力的培养。因此在平时的篮球教学中，要改变传统落后的思想观念，采用先进的教学手段与方法，贯彻先进的教学理念，不断完善教学内容，努力实现篮球教学目标。

三、加大篮球课程教学资金的投入力度

　　经费不足是我国当前学校篮球课程教学所面临的一个问题。要想促进我国学校篮球运动的发展，一定要加大体育经费的投入力度，加强篮球硬件与软件基础建设，为篮球教学提供良好的保障。

　　总的来看，加大篮球教学资金的投入力度需要注意以下几个方面。

　　第一，转变以往只依赖教委、体委投资的现状，寻求社会相关企业对学校进行赞助。

　　第二，政府部门要制定有利于学校教育发展的支持政策。

　　第三，学校相关部门要积极拓宽资金筹集渠道，投入更多的资金以加强篮球教学、篮球训练和篮球科研建设。

第三章 校园篮球教学现状与改革创新

四、重视理论与实践的结合

当前，很多高科技手段在社会各个领域得到了广泛应用，在篮球教学中也是如此。在新的科学技术发展背景下，传统的篮球教学体系已难以适应现代社会及现代教育发展的要求。因此，篮球教学理念、篮球技战术训练体系、篮球教学手段等方面都需要改进与革新，这就客观上推动了篮球教学的发展。

当前，篮球教学理论体系不断丰富，竞赛制度和规则也更加完善，这使得整个篮球理论与实践体系都处于变革之中。在这样的背景下，学校篮球教学也顺应时代的发展，做出了积极改变，这对促进学生篮球运动水平的提高具有重要意义。要促进篮球教学的发展，必须要同等重视篮球理论与实践的研究，这样才有利于组织与管理整个篮球课程教学活动。这就要求我们要将篮球课程教学的理论研究和实践研究进行充分结合，进一步加大理论与实践研究的力度。

五、加强篮球师资建设

教师在篮球教学中起着重要的主导作用，组织和指导教学活动的顺利开展。因此，为提高教学质量，篮球教师必须要不断完善自己，促进自己在专业素质、教学水平等方面的发展和提高。各学校要充分挖掘与培养篮球人才，提升篮球教师的综合素养，建设一支高水平的篮球师资队伍。

作为一名优秀的篮球教师，仅仅具备出色的篮球技术能力是远远不够的，还需要具备扎实的篮球理论知识、出众的语言表达能力、出色的篮球教学方案设计能力、组织与管理篮球课堂教学活动的能力以及篮球科研能力等，只有这样才能保证篮球教学活动的有序开展。此外，篮球教师也要不断完善自己的知识结构体系，与时俱进，这样才不会落伍，不会被时代抛弃。总之，只有不断提升篮球教师的综合素质与教学水平，才有利于获得理想的教学效果。

六、构建与完善篮球教学评价体系

教学评价是篮球教学体系中必不可少的内容之一,良好的教学评价能为教师提供客观而准确的教学反馈信息,从而帮助教师及时调整教学方案,保证教学活动的顺利开展。教学评价是为教学目标服务的,在开展篮球教学评价活动时,要把握科学性原则,做到过程评价与结果评价的统一。另外,影响篮球教学活动开展的因素是多种多样的,这就需要教学评价必须保持动态性,要能体现篮球教学发展的规律和实际。

目前,我国很多学校的篮球课程教学评价还存在各种各样的问题,没有建立一个健全和完善的评价体系,这需要今后不断完善。一般来说,构建一个科学的篮球课程教学评价体系,除了要加强与该体系相关项目的研究外,还要积极革新评价手段,将家长评价引入篮球课程教学评价体系之中,促进教学评价主体的多元化。加强教师、学生、家长之间的互动与交流,这样才能构建一个科学的篮球教学评价体系。

第三节 校园篮球教学要素的创新

一、篮球教学理念创新

(一)树立现代教学理念

1. 知识的建构性教学理念

教学最直接的任务是让学生领会所教的知识。在传统的篮球教学中,强调知识由外而内的消化过程,学生对知识的掌握是主要目的,也就是让学生

第三章 校园篮球教学现状与改革创新

从不知到知，从知之较少到知之较多。学生外在的活动与变化是教学中重点关注的地方，即主要观察学生是否集中注意力，记忆是否牢固，动作是否准确。现代教学则更强调对学生内在变化的关注，即看学生的认知结构是否合理，学习结构是否形成。学生在自身已有经验背景的基础上，逐渐建构起认知结构，学生在主动选择与加工外部信息的基础上逐渐形成学习结构。

知识的建构性理念要求教师集中精力探索学生的知识结构，指导学生对知识内在联系的认知，指导学生不断优化与完善自己的学习策略，让学生对特定的学习过程加以探索，从而掌握符合自身实际的独特学习方法。

2.学习情境教学理念

学习情境是指学习过程中所形成的氛围和环境，教学理念不同，自然学习情境也就会有差异。

（1）平等与互动学习情境

合作性的学习情境要求教师与学生之间、学生与学生之间建立平等的教学关系，相互之间多联系、交流，良好互动，积极影响他人，在这一情境中，篮球教学过程也是有关篮球信息的互动过程。在这一过程中，师生之间的相处模式开始由单向式或双向式转化为多向式，成员之间要互通信息，且都处在平等地位，这对于良好学习氛围的营造是有利的。

（2）竞争性学习情境

在现代社会和现代教育中，竞争这个词频繁出现。在体育教学中，营造竞争场面的方法很多，而且在很多场合都可以如此，竞争能够激发学生的斗志，使学生树立竞争意识，这是竞争性学习情境的优点。但如果对竞争的理解比较狭隘，或方法不当，或场合不适宜，竞争性学习情境会使学生之间形成紧张对立的关系，使学生在看到别人的成功后产生妒忌心理。所以在篮球教学中采用竞争性学习情境，也要注意扬长避短，重点在于发挥这一情境的优势。

（二）突出娱乐性，建立丰富先进的教学理念

在篮球教学中，教师要不断丰富教学内容，对篮球运动的多元教学方式进行设计，调动学生学习篮球的积极性，改变传统教学中以技术教学为主的

教学模式，构建以轻松娱乐教学为主的新型教学模式，挖掘篮球运动的娱乐因素，对丰富多彩的、具有广泛性和游戏性的篮球教学内容和篮球课外活动进行安排，让学生深入体验篮球运动的魅力。此外，为了让学生对篮球运动的文化内涵有深刻的了解，教师应引进现代化教学手段。

（三）以篮球健身教育文化引领，树立终身体育意识

现代篮球教学应改变传统的"传授型"教学方式，采用"引导型"教学方式，在对篮球技术进行传授的同时，引导学生锻炼身体，使学生掌握利于身心健康的锻炼方法，篮球教学的重点从以篮球运动技术为主转向以健身教学为主，有机结合篮球运动与健康教育文化，引导学生对篮球运动健身文化和娱乐文化进行全方位了解，将篮球理论教学、技术教学及健身教育充分结合起来，促使篮球文化内涵更加丰富，培养学生的开拓精神和创造思维，为学生树立终身体育锻炼意识奠定坚实基础。

二、篮球教学方法创新

（一）因材施教要体现在教学方法上

在校园篮球课程教学中，篮球教师对教学方法的选用应以不同篮球技术的特点为依据而进行，不能针对所有教学内容都采用同一种固定不变的教学方法，否则学生学习的积极性和兴趣就会受到影响。例如，在篮球课堂上传授防守步法时，不要只是对基本步法的动作要领作简单的讲解，或者在步法的细节上用大量时间来分析，为了提高教学效率，教师可简单组织二攻一比赛，引导篮下防守的队员体会最佳防守姿势，并指导其合理移动，使学生在实践中将防守步法掌握好，之后再对各项技术的细节进行细致讲解。

（二）将翻转课堂引入篮球课中

近年来，体育教学中有许多新兴授课方式逐渐流行起来，线上课程开发模式——翻转课堂就是其中之一。翻转课堂指的是学生在网络教学平台上自主观看教学视频，然后教师指导学生在课堂上自我讲解，组织学生之间相互讨论，从而使其所学技术进一步得到巩固的教学方式。在篮球教学中采用翻转课堂教学形式，充分体现了篮球教学的个性化与人性化，体现了人文性与工具性的统一，有助于"健康第一"教学指导思想的充分落实。

翻转课堂教学法可以运用在篮球教学的很多方面。例如，针对篮球运动的持球突破技术，可先让学生利用网络资源自主学习，即观看校园网络教学平台上的有关视频，然后在课堂上设计简单的比赛，指导学生完成比赛，同时教师提出相关问题，引发学生思考，将学生划分成不同的小组，鼓励小组成员之间交流与讨论。而后由学生对持球突破技术的动作要领进行讲解与演示，其他学生提出意见或想法，最后教师将学生讨论后的信息整合起来，对持球突破动作的具体细节进行讲解。这种教学方法的实施过程可以概括为"学生自主学习—学生独立思考—小组探讨式学习—教师补充讲解"。该方法有助于学生对篮球技术细节的完整掌握，提高学生的团体意识与合作能力，激发学生的学习兴趣与积极性，提高教学效率。

三、篮球教学评价创新

（一）将评价贯穿于教学始终

常见的教学评价方式有诊断性评价、形成性评价和终结性评价三种。其中，终结性评价在学校篮球教学中运用最多，主要表现为期末考核评价。受竞技体育的影响，篮球期末考核评价的内容和方式相对比较单一，与当前的体育教学改革趋势不相适应。因而，改革期末评价的内容、形式等势在必行。

检验是终结性评价最主要的作用，能够从整体上评价整个教学过程，全面系统地评价教师的教学活动和学生的学习情况。对教师来说，让学生在期末考核评价中获得好成绩是教学目标，对学生而言，在期末考试中获得好成绩是学习目标，所以说期末评价对师生而言都有激励作用。学校可将期末考核内容、形式以及标准公布到校园网站或其他教学媒体上，让学生明确努力的方向和目标。

（二）评价指标要突出多样化

学生学习体育课程的动机主要体现在锻炼身体、娱乐放松、结交朋友等方面，在篮球教学中，要综合考虑学生的这些需要与动机，而不能像在竞技体育时代那样只重视技术的教学。因此，篮球教学的目标定位主要表现为增强学生体质、提高学生学习兴趣、使学生身心放松、促进学生之间的相互交流、培养学生的终身体育意识等。这些目标是否实现，实现程度如何，要通过评价来衡量，这就对评价系统提出了相应要求。

在篮球教学评价中，教师应从健身、娱乐、交际、培养终身体育意识等教学目标出发来设计评价指标，力求指标多样化，在评价中及时发现问题，解决问题，提高成绩。篮球教学评价内容应有趣味性，技术评价指标应丰富一些，将学生的积极性充分调动起来，对学生的篮球技术、篮球素质进行全面测定。这个设计值得在其他体育项目的教学评价中推广。

（三）更新考试形式

1. 教考相对分离

教考分离是教学与考评的分离，这是篮球教学考核的一个新形式，通过平行班级的交换考试或邀请其他班级的篮球教师参与考评过程能够将此落实。教考的相对分离能够有效解决老师在定性测定中无法客观评定学生的问题，从而更加客观地评价学生的学习，这样也能够使学生更重视篮球课程考评。

第三章　校园篮球教学现状与改革创新

2.多种评价相结合

（1）自我评价

很多篮球教师对学生的了解都不是很全面，而学生对自己的了解比较多。学生之间在个体表现上具有差异性，学生通过自我评价，能够更全面地了解自己，并能引导教师在评价过程中有指向性地判断学生的优缺点，从而更加客观全面地评价学生。

（2）个体纵向评价

学生通过学习篮球课程，对篮球理论知识和技战术的掌握情况与进步程度如何，可通过个体纵向评价来进行检验。学生的体质、性格、运动基础都有一定的差异，这在篮球教学中主要表现为身体素质的差异、篮球技战术水平的差异以及接受能力的差异等。而且达到专业化的竞技水平并不是篮球教学的主要目标，如果采用大一统的方式对学生进行考评，难免会使部分学生学习的积极性受到影响。因此，在学生学习成绩评定中，将学生的进步程度作为一项指标，能够更好地激励学生主动学习，满足对学生学习效果进行客观公正评价的需要。

（3）交互评价

交互评价能够使学生之间的互动得到增强，使学生发现自己的优点与不足，从而改正缺点，发挥优势，完善自己。一般可以分为以下几个阶段来进行交互评价。

第一，学期开始前进行一次评价。

第二，学期中进行2～3次评价。

第三，期末做终结性评价。

3.通过比赛的技术统计进行考核

很少有学校在篮球教学考核中采用篮球比赛的形式。篮球是一个竞技项目，从根本上来说，在篮球教学中对学生的技术水平进行考核需要采用比赛的形式。既然要在教学课的整个过程中贯穿评价，那么作为一个主要考评方式，比赛也应在篮球教学中贯穿始终。比赛对学生有很强的吸引力，通过组织阶段性的比赛，客观测定学生的技术指标，可以促进学生技术能力的不断提高。随着每次比赛成绩的提高，学生会产生成就感，学习的积极性也会随之增加；如果比赛成绩降低，学生则会更加努力地学习，这对学生具有很好的激励作用。

在篮球比赛考核中,要做好技术性调整,对"标准分打分制"加以利用,这与高考的标准分制是类似的,也就是将每项数据的平均得分作为标准分,如果比标准分高,就相应加分;如果比标准分低,就相应减分。这种考核制度能够避免学生对篮球技术掌握的不平衡,促进学生全面掌握篮球技术,整体提高篮球技术水平。

第四节 多元视角下校园篮球教学的优化改革

一、现代信息技术视角下校园篮球教学的优化改革

随着现代信息技术的不断发展,体育教学的信息化水平、教学效率与质量不断提升,但也存在信息化教学资源不足、信息化教学建设滞后、信息化教学条件欠缺、师生缺乏良好的信息化素养、信息化教学方法单一、信息化教学平台欠缺等诸多问题。鉴于此,在现代信息技术条件下进行体育教学的改革创新,就要加强现代信息技术与体育课程的融合,充分利用现代信息技术条件去解决问题,使体育教学在信息化时代能够获得更好更快的发展。在现代信息技术视角下进行校园篮球教学改革也是同样的道理,下面具体分析现代信息技术视角下篮球教学改革创新的方向与建议。

(一)篮球教学改革创新要适应信息化时代的需要

信息化时代为篮球教学创造了良好的发展机会,我们应将丰富多彩的信息化教学手段运用于篮球课堂教学中,并基于对网络技术、多媒体技术的应用而改革篮球教学内容、方法、模式、考评、管理等各个教学要素,大力创

第三章 校园篮球教学现状与改革创新

新，不断优化与完善信息化篮球教学体系，这是信息化时代对篮球教学的要求，也是新时代社会发展对学校培养全面发展型人才的要求。只有利用信息化手段全面进行篮球教学改革与创新，才能进一步推动素质教育理念的贯彻落实，实现素质教育的目标，实现良好的篮球教学效果和篮球人才培养效果。

（二）加强信息化教学建设

1. 建设基础：完善设施

规划信息化篮球教学建设路线，完善设施是最基础的环节。要根据实际需求而完善信息化教学设施与设备，多开发具有可靠性、可操作性、安全性、实用性的信息化教学设备，并不断更新与补充新的设施，以满足不同学生对信息化篮球教学硬件资源的需求。

2. 建设重点：开发资源

要推动信息化篮球教学的发展，就要利用信息技术手段开发丰富的教学资源，如数字图书馆、学习资源库、网络篮球教学平台等，从而为篮球教师和学生提供便利。

3. 建设关键：师资培训

篮球授课教师的信息化教学素养直接决定了信息化篮球教学系统能否充分发挥自身功能，决定了信息化篮球教学的开展情况和最终效果。所以要强化对篮球师资队伍信息化素养的培养，使篮球教师具备获取信息化教学资源、运用信息化教学手段以及灵活操作信息化教学设备的能力，从而提高信息化篮球教学的效果。

4. 建设保障：制定政策

在篮球教学的信息化改革与创新中，教育部门可出台相关政策来为学校信息化篮球教学的改革与实施提供政策依据与法律保障，为学校信息化篮球教学的发展提供方向与指引，通过对相关奖惩政策、管理政策等配套政策的制定与完善，加大政策支持力度，保障学校信息化篮球教学的顺利开展与长远发展。

（三）改善信息化教学条件

要顺利实施信息化教学，就需要学校有相应的基础设施和资源环境作保障。良好的基础设施和资源环境是开展信息化篮球教学的基础条件。若不具备基本的硬件设施条件，则难以实现真正意义上的教育信息化。在学校篮球教学中普及信息化教育，需要投入大量的财力和物力加强硬件建设。政府与教育行政部门应该采取一系列措施来拓展教育经费的筹集渠道，从而为学校基础设施和资源环境的建设提供保障。

学校应积极向上级部门申请专项资金补助，也可在办学经费中根据学校实际情况将一些专项资金用于信息化教育方面的基础设施建设，还可以发动社会各界捐资助学。目前很多学校已经配置了多媒体投影仪设备，为学校开展信息化篮球教学奠定了基础。但是一些学校也存在资源浪费的现象，如多媒体设施出现故障后就搁置不用。基于此，要加强师生对多媒体设备的保护意识，并及时维修和更新设备，提高资源的利用率。

（四）促进教学内容和教学方法的数字化发展

教育信息化发展促进了教育数字化。当前，体育教育的数字化发展进程不断加快，这从教学内容和教学方法的数字化发展中充分体现出来。教学内容与方法实现了数字化后，体育教学过程越来越快捷、便利和高效。不管是对体育教师来说，还是对体育教学的授课对象即学生来说，体育教学的数字化发展都使得他们的教与学越来越轻松、有效。

在数字化发展的趋势下，体育教师和学生查阅资料、分享资料以及获取信息化知识的速度越来越快。体育教师利用信息化技术对技术动作进行数字化处理后，学生观看动作可以不再受时空限制，能够对技术动作的要领和细节有更直观、深刻的体会和领悟。在技术动作的呈现中引进VR技术，使技术动作看起来很逼真。体育教学内容也因为动画、视频等多种元素的融入而越来越丰富、直观、形象、生动，便于掌握和理解。总之，体育教学内容与方法的数字化大大提高了体育教学的快捷性和实效性，因此在篮球教学中也要进一步加强对篮球教学内容与教学方法的数字化改革，促进数字化篮球教学发展。

（五）大力开发信息化教学资源

1. 常见的信息化教学资源

信息化教学资源是非常重要的信息化教学材料，其以数字形态存在，教育价值非常重要。信息化教学资源包含各种数字化教学软件、数字化素材等。信息化教学资源丰富多样，以下几种是高校运用较多且重点开发的信息化教学资源。

（1）教学素材

在信息化教学中对教学信息进行传播的文本素材、音视频素材、图形动画素材等就是信息化教学素材。

（2）教学课件

教学课件是以多种媒体表现的一种软件，在相关科学教育理论的指导下，从教学需要出发，将教学课件的制作作为教学设计的一环，课件应具备结构合理、满足教学需要的要求。

（3）网络课件

网络课件是指对一个或几个知识点实施相对完整教学的软件，根据运行平台可分为网络版的课件和单机运行的课件。

（4）教学案例

教学案例指的是由丰富的媒体元素组合表现的代表性现象或事件，其往往具有重要的教育意义和现实指导意义。教学案例的完整性主要体现在其包含4个重要组成部分，分别是教学设计方案、教学课件、课堂教学视频以及教学反思。

（5）网络课程

在某学科教学中利用计算机网络开展教学活动、呈现教学内容，是建设网络课程的基本方式。网络课程主要由下列两个部分组成。

第一，通过计算机网络呈现的教学内容，这是以教学目标为依据、运用一定教学策略组织起来的。

第二，在网络教学平台上实施的教学活动，这是网络教学支撑环境的核心内容。

（6）文献资料

和教育相关的政策、制度、条例、数字图书、重要文章及重大事件记录等都属于文献资料的范畴。

（7）学习网站

学习网站指的是具有网络教学功能和提供相关服务的网站，从学科教学目标出发，运用Web技术对丰富的数字学习资源进行整合，并在学习网站中系统展示，以供学生参考。

（8）试题库

试题库是基于数学模型而开发的一种教育测评工具，它是在科学的教育测量理论指导下开发的，是将某个学科的题目整合到计算机系统中，从而便于为学习者的测试提供备选试题的系统资源。

2. 篮球信息化教学资源的开发原则

（1）科学性原则

开发篮球信息化教学资源要遵循科学性原则，杜绝低级趣味，在科学的基础上追求生动性和趣味性，具体要做到以下几点。

①在开发信息化教学资源的过程中，必须准确、规范地进行各个环节的操作。

②必须选用符合科学规律的材料、例证和逻辑推理。

③按照科学要求来表现内容，包括图像、色彩、声音都要真实，不能以牺牲内容的真实性为代价而过分突出艳丽的色彩、生动的画面以及悦耳的声音。

（2）教育性原则

遵循教育性原则指的是要根据教育教学规律而开发篮球信息化教学资源，具体要做到下列几点。

①教学资源要与学生的认知水平、学习规律相符。

②从教学需要出发，依照教学大纲要求而开发能够使教学需要得到满足的篮球教学资源。

③呈现信息化篮球教学资源的内容时，要做到简明扼要、条理清晰、重点突出。

第三章　校园篮球教学现状与改革创新

④将篮球教学内容用恰当的媒体元素呈现出来。

（3）技术性原则

开发者要熟练掌握现代教育技术和教学资源的开发技术，根据技术质量标准来开发篮球信息化教学资源，具体要达到以下标准。

①音质好、色彩明朗、图像清晰。

②操作快捷。

③运行稳定、灵活。

④交互性强、容错性好。

⑤导航合理。

（4）开放性原则

开发篮球信息化教学资源要充分贯彻开放性原则，开放性具体表现在下列三个方面。

①结构体系的开放性

开放的信息化教学资源要具有系统性、立体性，及时补充和完善教学资源，实现教学资源的开放与共享。

②资源内容的开放性

教学资源要能够满足学校教育和社会教育、正式教育和非正式教育的需要，要满足各种学习者的需要。

③开发人员的开放性

开发篮球信息化教学资源的主体主要是篮球教师，但不限于教师，有关专业人士都可以开发教学资源。

（5）艺术性原则

开发篮球信息化教学资源还要遵循艺术性原则，具体要做到下列几点。

①构图清晰匀称、变换连贯。

②声音顿挫有致、避免噪音。

③光线与色彩明暗适度、调配恰当。

（6）经济性原则

开发篮球信息化教学资源要坚持经济性原则，具体要求如下。

①制订周密的资源开发计划。

②争取以较少的资源投入开发出丰富多样的、高质量的资源。

③避免重复开发，注意适当改造和充分利用现有资源，提高资源的循环利用率。

（7）创新性原则

开发篮球信息化教学资源必须与时俱进，紧跟时代潮流。信息化教学资源开发的创新主要体现在开发理念、理论、内容、技术、模式以及形式等方面的创新中。

3.篮球信息化教学资源的开发途径

随着信息技术的迅猛发展及其在教育教学中的广泛应用，师生对信息化教学资源的需求越来越多，信息化教学资源的开发自然越来越受重视。科学开发丰富的篮球信息化教学资源，应该重点从下列几个方面着手。

（1）数字化改造教学资源

篮球教师在长期的教学实践中保存了大量信息化教学资源，如录音、图片、文稿、视频等，这些教学资源的教学价值较高，采用数字化方式来改造这些资源，可以使其教育价值提升并得到更好的利用。例如，利用扫描仪等数码设备将文稿、图片转化为能够在计算机上加工的数据，然后在教学中加以利用，这样不仅节约了教育成本，也使有重要教育价值的教学资源得到了充分利用。

（2）建设教学资源库

对教学资源库的建设与充实要从以下几方面着手。

第一，对多媒体素材进行收集与整理，主要方式有扫描、网络共享、专业制作等。

第二，从教学需要出发，将教学研发工具或多媒体制作工具利用起来去编辑素材，加工整理，发挥篮球教学资源的重要功能。

第三，各种类型的教学应用软件积累到一定程度时，要实行专人管理制度，对篮球教学资源库进行管理与维护。

（3）注重开发网络课程

开发篮球网络课程是信息化教学资源开发的重要途径，具体从以下几方面着手开发。

第一，开发篮球网络教学平台、网络教学管理平台等支持篮球网络课程实施的工具，为师生进行创造性的篮球网络教学和网络学习，以及管理者进

第三章　校园篮球教学现状与改革创新

行新模式下的篮球教学管理提供便利。

第二，教师学习并掌握计算机网络教学设计技术，树立先进的教学理念，设计篮球网络教学方案，在互联网环境下开展线上篮球教学活动。

第三，组建专业的团队开发与建设篮球网络课程，只有从专业角度录制、剪辑网络课程，并上传到信息化教学平台，实现资源共享，才能给师生带来最大便利。

二、课程思政视角下校园篮球教学的优化改革

课程思政是指以构建全员、全程、全课程育人格局的形式将各类课程与思想政治理论课相结合，形成协同效应，把"立德树人"作为教育的根本任务的一种综合教育理念。"课程思政"的价值在于将各类课程中所含有的思政元素充分挖掘出来，将其嵌入课程教学中，以潜移默化的方式融入教学过程的各个环节，从而使非思政课程的育人价值得以强化和实现，最终在传递知识的同时达到育人的功效和目的。

（一）将课程思政理念融入篮球教学的必要性

1. 课程思政具有深刻的教育内涵

（1）课程思政是一种创新教学理念

课程思政是对传统教学理念的一种颠覆，它提供了一种全新的教学思路。课程思政转变了传统的依赖专业思政课程进行教学的思政教育模式，将思政教学的任务下发到每一个学科教师的手中，促进专业知识的显性教育和思政教育的隐性教育相结合，构建思想政治理论课、综合素养课、专业课三位一体的高校思想政治教育课程体系和思政课教师、专业教师、校内外专家协同联动的育人体系，促进从"思政课程"主渠道育人向"课程思政"立体化育人的创造性转化。

课程思政这一教学理念的提出，不仅能够有效解决传统思政课程教育效

果不佳的问题，更是对我国教学体系进行了一次有力的冲击，为我国教学模式的发展提供了全新的思路，有利于促进我国教学新模式的形成。

（2）课程思政对改善教学效果具有重要作用

课程思政教学从教育本身的角度上来说，对改善篮球教学效果具有重要的意义。课程思政教学是将专业知识教学和思政教育结合在一起，一方面发掘专业课知识中的思政教学资源；另一方面引导学生将思政课程的内容融入专业课的知识之中。教师在上课的过程中会带领学生不断进行知识之间的切换和融合，引导学生发现知识之间的联系，这样做不仅能够锻炼学生的思维转换能力，还能锻炼学生的知识运用能力，加深学生对篮球知识的理解和掌握，培养学生的思政觉悟，最终实现提升专业课和思政课双课堂的教学效果。

2. 课程思政具有重要价值

课程思政是对我国教学模式的一次重要突破，弥补了我国传统教学模式在思政教育上的不足。传统教学模式中，各个学科和思政教育之间是相互独立的关系，这种关系导致在很长一段时间内，教育的"教书"和"育人"两个功能难以同时实现。而课程思政则实现了专业课教学和思政教育之间的联合，在专业课教学中有针对性地加入思政教育的内容，一方面丰富了专业课的内容；另一方面也借助专业课课堂达到了思政教育的目的，真正发挥了教育的"教书育人"功能。同时，这种通过串联的方式实现双重目的、提升教学效果的新颖教学模式的成功，为我国接下来的教学模式改革提供了灵感，有助于促进我国的教学模式向着更加科学、高效的方向发展。

课程思政的重要价值是我们将其融入体育教学的原因之一，下面我们将从学校层面、教师层面和课程层面，对课程思政的重要价值进行具体解读。

（1）学校层面

学校是对青少年进行教育的最主要场所。当前，在社会快速发展变化的背景之下，校园面临着各种思潮和文化的相互碰撞，对学校教育来说，这既是一种机遇，也同时是一种挑战，关键在于学校自身的抉择和做法。而课程思政的提出无疑为学校指明了思想教育的发展方向，从顶层设计上实现了道德教育和知识教育的统一，使得学校在思潮变化的风口之下坚持了自己"教书育人"的任务。

第三章 校园篮球教学现状与改革创新

（2）教师层面

从教师层面来说，课程思政为他们提出了"三真"要求，要求他们真学、真做、真信。其中，"真学"是指教师的学习不应该只集中在专业知识上面，而应该实现跨学科学习，同时增加对社会现实的关注，在精通本专业知识的基础上促进自身全面发展。"真做"是指本着"以人为本"的教学理念，对学生负责，不断提高自己的教学水平，钻研课程思政的有效教学方法，坚持进行创新突破，将思政教育无声地融合到专业课堂上，对学生产生潜移默化的影响。"真信"指的是教师本人应该具备高尚的思想道德，严格要求自身，时刻注意自己的言行，通过言传身教实现对学生的教育。

"三真"对教师提出了学习、行动和思想上的要求，在提升教师队伍的整体素质上具有非常重要的价值。

（3）课程方面

从课程层面来看，课程思政并不是将专业课和思政课简单相加，而是一方面在其中发掘思政教学的资源；另一方面根据专业课的特点将思政课程的内容有机地融合到专业课之中。这样做的目的是将思政教育全过程、全方位地融入课堂中，使学生在学习专业知识的同时又得到思想上的"洗礼"。课程思政不仅实现了课程教育中"智育"和"德育"的结合，还开创性地实现了不同学科之间的有效融合，为我国教育模式的创新发展提供了全新的灵感。

3.将课程思政融入篮球教学具有重要意义

（1）摆脱思政教育孤掌难鸣的困境

传统的思政教育主要依赖思想政治教育理论课和团日活动进行，存在教学途径单一、教学效果不佳的问题。从思政课堂上来说，教学形式单一、教学内容枯燥、教学课时集中，很难吸引学生的兴趣，大部分学生是抱着"混学分"、应付教师的心理来上课的，自然达不到理想的教学效果。从团日活动上说，一般党委和辅导员将举办任务下发给班级学生干部，而学生干部经验不足，对活动意义认识不深刻，导致学生不愿意配合，团日活动流于表面，大部分班级是为了完成教师交代的任务开展活动，不仅达不到教育目标，还无形中浪费了学生的时间、增加了学生的负担。而将思政教育融入篮球教学中，一方面能拓宽思政教育的教学途径，改变传统的单一教学模式；

另一方面也能发挥学生在篮球课堂上的主体作用,激发学生的能动性和积极性,提升思政教学和篮球教学的效果。

(2)弘扬和传承体育精神

体育精神是指体育运动中所蕴含的对人的发展具有启迪和影响作用的有价值的思想作风和意识,在一定程度上,体育精神的培养和思政教育之间相互重合、相互联系。将思政教育融入篮球教学之中,实际上是在原有的注重篮球技能教育基础上增加对学生思想上的教育和引导,为学生感悟体育精神、传承体育精神创造了有利条件。比如,借助竞技篮球活动对学生开展思政教育,有利于培养学生的竞争意识、合作意识,帮助学生形成正确看待成败的价值观念;在教学过程中向学生介绍国家体育强国的发展战略,有利于增强学生的爱国意识,帮助学生树立体育报国的远大理想,等等。将思政教育融入篮球教学之中,能够通过思想政治和体育精神之间的共通性,促进学生思想政治觉悟的提高,促进体育精神的弘扬和传承。

(二)课程思政视角下篮球教学优化改革的策略

1. 更新教育理念,注重德育

教育理念是开展教学活动的依据,能够体现教学实践的风格和特点。将课程思政融入篮球教学中,首先应该更新教育理念,注重德育。在树立教学理念的过程中要充分肯定课程思政的重要性,将课程思政融入学生培养方案之中,从教学目标、课程设置、教学方法、考核评价等各个环节,从行政到教学、从教师到学生、从活动到课堂等各个方面提高对课程思政的重视程度。课程思政的目标是对学生进行思想政治教育,培养学生的高尚品格,健全学生的人格,因此要在新的教育理念中突出"德育"的重要性,让教师认识到自己"教书育人"的根本任务。学校要响应国家的号召,根据党和国家关于课程思政的要求,积极更新教育理念,重视德育,发挥学校为国家培养全面发展的优秀人才的作用。

2. 改革教学模式,创新教学方法

课程思政进入篮球教学需要转变传统教学模式,改变传统教学方式。从教学模式上说,传统篮球课程教学注重对学生篮球技能的培养,几乎不存在

第三章 校园篮球教学现状与改革创新

对学生思想政治的教育，而课程思政要求将思想政治教育融入各个专业课的课堂，在专业课内容中发掘课程思政的教学资源，有针对性地将思政教育的内容融入专业课程教育之中。在这种要求之下，篮球教师需要转变传统的教学模式，在运动技能教学中加入思政教育内容，实现两者的有机结合。从教学方法上来说，思政教育进入篮球课堂对教师来说将会是一个全新的挑战，篮球教师需要认真钻研教学方法，采用丰富的教学形式，巧妙地将两者结合，激发学生的学习兴趣，使学生在篮球课堂上不仅能获得运动技能，还能接受思想和价值观念的正确引导，提升思想觉悟。

3.提升教师的综合素质，增强德育能力

教师是课程思政改革中非常重要的一个因素，教师自身的思想道德素质和教师实行课程思政教学的能力都会影响教学效果，关系到课程思政的教学目标能否实现。因此，在推行课程思政的过程中一定要非常关注教师的发展，注重提升教师的综合素质，增强教师的德育能力。首先，篮球教师对学生起到榜样的作用，教师自身的言行举止都会在潜移默化中对学生产生影响，所以篮球教师一定要注意提高自己的思政水平，提升人格魅力，使学生形成对教师的敬佩感和信服感。学校要加强师德、师风建设，提倡教师在课余时间参加思政教育，也可以组织相关的活动和设置培训课程，将教师集中起来进行培训。其次，篮球教师要提高思想觉悟，认识到对学生进行思政教育是一项艰巨但是光荣的使命，主动承担起德育的责任，引导学生树立正确的思想价值观念。篮球教师要积极探索推进思政教育进入篮球课堂的有效办法，不断创新篮球教学方法和教学模式，促进思政教育和篮球教学的有机结合，不断提高教学水平和教学质量。

4.建设篮球课程思政评价机制

在篮球教学评价中，传统评价机制常常受到惯性逻辑思维的限制，导致评价方式单一，而在课程思政视域下，要对学生的篮球学习成果进行多维度评价，包括知识、技能、道德品质等多方面的评价，从而判断篮球课程的全面育人效果。此外，对篮球教师的评价也要改革升级，这就有必要建设篮球课程思政评价机制。

第一，建立科学的学生评价机制，除了评价学生的篮球知识素养、运动技能水平外，还要对其思想品质、社会意识、集体主义精神等素养进行综合评价和考量。

第二，建立科学的教师评价机制，除了评价篮球教师对篮球知识、运动技能的传授能力外，还要评价其思政教育能力、将思政元素融入篮球教学过程的课程设计能力以及全方位育人能力。

第三，建立健全师生综合评价机制，在内容方面体现责任、修养、情感、适应度等，真正实现从知识、技能向人文核心素养的延伸，最后内化为师生的一种综合素质。

三、拓展训练视角下校园篮球教学的优化改革

拓展训练是借助自然环境或人为设计的特殊情境，让学员投身其中，充分利用个人或团队的力量，应对每个挑战，解决实际问题，从亲身体验中感悟活动中蕴涵的理念，通过反思获得知识、改变行为，达到"挑战自我、磨练意志、激发潜能、熔炼团队"的目的，这样的一种思维开发或心理训练模式就是拓展训练。近年来，一些高校开设了拓展训练课程，培养大学生的综合素质，或者将拓展训练理念融入体育教学中，加强体育教学改革与创新。拓展训练也可以引进篮球教学中，对提高篮球教学质量具有重要意义。

（一）篮球教学中引入拓展训练的可行性

1. 拓展训练所需场地器材比较简单

拓展训练与其他训练模式相比，有比较强的适应性和灵活性，在室内和室外都可以开展相应的拓展训练活动，而且拓展训练在篮球赛事中也可以得到落实。教师可以对学生进行分组，进行小组练习，小组练习需要一些比较简单的器材，可用篮球替代，甚至还有一些不需要任何器材就可以开展的训练项目，教师可从学生的真实情况出发来合理安排与调整不同的场地和器材。另外，教师需在深入分析和研究训练目标的基础上合理配置与有效利用各种器材资源，从而在整体上提升拓展训练的效果和水平，使拓展训练的作

第三章 校园篮球教学现状与改革创新

用和价值得到充分有效的发挥。

2.拓展训练安全性较高

拓展训练具有组织性和计划性,在拓展训练实践的落实过程中,大部分活动都是相对安全的,主要是地面项目,学生在参与训练前,教师会对其进行正确引导和安全教育,教师需要从学生实际情况出发做好前期策划和环境分析工作,必须要加强不同环节之间的联系,从而使拓展训练活动开展的安全性和可靠性得到有效保障。另外,要严格按照国家的统一标准来检查拓展训练中使用的器材,使双重保护的作用和价值得到真正发挥,最大化地保障拓展训练的安全性。

3.篮球教师可胜任拓展训练师的角色

拓展训练涉及的内容较多,也具有一定的复杂性,而且不同项目与游戏活动之间存在某些联系,篮球教师应结合学生的日常生活与学习而安排一些能够吸引学生注意力、激发学生参与积极性的拓展训练活动。传统体育和游戏活动对学生具有一定的吸引力,对学生实际学习需求进行深入了解是教师的一个职责,在实践教学中掌握了相关实践经验的教师不在少数,这些教师对拓展训练的活动要求、相关规则也有一定的了解,因此能有效组织学生的拓展学习活动,有效点拨和引导学生参与拓展训练活动,同时鼓励学生分享团队经验。因此,大部分篮球教师基本可以胜任拓展训练师的工作。

(二)篮球教学中引入拓展训练的重要性

1.培养学生的团队协作精神

作为世界竞技体育的重要项目之一,篮球运动对参与者的集体合作意识与协同配合能力提出了较高要求。在篮球比赛中获取胜利,有一个不可忽略的关键因素,即拥有良好的团队精神。拓展训练与传统篮球训练相比,与实际更贴近,训练价值更高,更有利于在既定时间将训练目标有效完成。学校的篮球训练方法单一,以体能训练和篮球技巧训练为主,或设计一些游戏训练方式来调动学生的练习兴趣,这种方式虽然趣味性较强,但如果长时间采用,学生也会感到厌烦,进而失去学习篮球知识与技能的兴趣与动力。而在篮球教学中引入拓展训练方式,可以改变单一枯燥的教学方式,使篮球训练更加人性化，并且有助于培养学生的团体意识、合作意识，使学生之间的沟通与交流进一步加强，促进学生团队意识、责任感及对他人信任感的提升。另外，拓展训练方式具有一定的变动性，这样就能不断吸引与刺激学生，使学生一直保持积极的学习心态，顺利达成学习目标。

2. 帮助制订有利于教学的训练方案

在篮球教学中将拓展训练思维运用其中，可以从学生的实际情况与需求出发将相应的训练形式确定下来，从而对学生的学习热情进行有效激发，进一步挖掘与开发学生的潜力。篮球基础薄弱的学生通过参与适合自己的拓展训练项目，可以锻炼自己的篮球技能，并能对篮球运动的内涵有更深刻的体会，重新认识篮球运动。此外，因为学生之间存在明显的个体差异，所以他们都有自己的篮球风格和运动技巧，将拓展训练思维方式引入篮球教学中，对促进学生的进一步发展具有重要的导向作用，能够使学生明确自己要努力的目标，使自身价值更好地实现。

在篮球教学中进行拓展训练，还能适当延伸篮球基础技能训练内容，从学生的实际情况出发对适合他们的训练方式进行设计，促进学生篮球基础能力的不断增强。篮球教师还可以在教学中以学生的实际情况为依据，对一些强度较高的训练活动进行安排，并参考"适者生存"的标准考查学生的能力，从而激发与培养学生的竞争意识，使学生在训练中不断克服困难，独立解决问题，超越自己，在促进篮球技巧及综合素质提升的同时对意志力进行有效的锻炼。

3. 促使教学训练内容多样化

在传统篮球教学中，训练内容较为单一，训练方法也十分有限，这对学生学习能力及技巧掌握能力的提升造成了一定程度的限制。此外，在传统篮球教学中，教师对学生的体能训练与技能训练更重视，将学生的训练成绩看得非常重要，而对学生内心的真正诉求却不够重视，这导致学生在学习中产生厌烦心理，从而对学习水平的提高造成一定阻碍。

随着新课程的深入改革，传统篮球教学理念在一定程度上受到了冲击，教学目标越来越多元、完善，强调培养学生的团队意识、适应能力、协作能力及综合素质。将拓展训练思维方式引进篮球课堂教学中，能够有效落实新课改理念，并对新课程理念起到一定的宣传作用。在应用拓展训练方法的过

第三章　校园篮球教学现状与改革创新

程中，要对科学合理的训练方式加以设计，依据现有的篮球设施条件，参考篮球技术教学规定，对多样化的训练活动进行安排，学生在这种氛围中可通过多种方式来锻炼自身的篮球技能，促进自身实践操作能力的增强。总之，在篮球教学中引进拓展训练思维，能够使传统篮球教学中存在的问题得到一定的解决，并有效指导现代化篮球教学的发展。

（三）拓展训练在篮球教学中的应用策略

1. 建立与完善拓展训练实践体系

为了能够有效开展学校篮球教学活动，篮球教师应以学生的实际情况为依据将拓展训练方法应用到篮球教学中，并重视对拓展训练体系的建立与完善，从而实现既定的篮球教学目标。建立与完善拓展训练实践体系需要做好以下工作。

第一，分析篮球培养目标，在此基础上选择适宜的拓展训练项目来开展。

第二，在篮球教学过程中依据教学需要实施拓展训练。

第三，根据体育场地条件来调整与完善拓展训练计划，并对相应的拓展训练实施方案加以制订，不断完善拓展训练实践体系。

2. 教师充分发挥引导作用

篮球教师要意识到自身在篮球拓展训练活动中的重要性，并将自身的引导作用充分发挥出来，合理设计拓展训练的个人与团队项目，有效培养学生的兴趣，充分调动学生的积极性，培养学生的团队合作意识，促进学生身体素质水平的提高，实现健康全面发展。拓展训练对教师的专业能力、思维能力、创新能力有较高的要求，因此教师要不断丰富与完善自身知识结构与技能素养。

3. 整合篮球教学与拓展训练

在篮球教学中将拓展训练法融入其中，要将二者的主次关系分清。拓展训练为篮球教学服务，是一种辅助性的教学方式。因此应该以篮球教学为主，将教学目标明确下来，依据教学目标对拓展训练项目进行科学合理的安排。

第五节 校园篮球精品课程建设

　　篮球精品课程是篮球课程体系的重要组成部分，具有水平较高、特色突出、示范性强、影响范围广等特征，它是衡量篮球教学水平的一个重要标志。加强对篮球精品课程的建设，有助于推动篮球教学的进一步发展，提高篮球教学水平与质量，扩大篮球教学的影响力。建设篮球精品课程对教学资源与条件的要求较高，相对来说，高校比较具备这方面的条件，而且目前我国很多篮球精品课程都是在高校建设的，因而本节重点对高校篮球精品课程的建设进行分析。

一、篮球精品课程建设的必要性

（一）传播价值理念的需要

　　篮球精品课程是高校篮球运动的品牌代表，表明我国高校贯彻《普通高校体育课程教学指导纲要》后在课程建设方面有了新的发展与进步。高校中建设篮球精品课程能够传播积极的理念，即质量是维持课程生命活力的根本要素；形成由篮球名师和稳定的篮球教学骨干所组成的优秀教学团队；建成影响广泛深远且具有代表性的篮球课程；通过篮球课程带动其他项目的课程，促进体育教学整体质量的提高；营造良好的体育教学氛围，促进篮球教师及其他项目体育教师创新能力及综合职业素养的提高。

（二）发挥独特功能的需要

　　篮球精品课程是高校体育教学中创新与优秀课程的典型代表，通过建设这一课程，能够彰显篮球教学的魅力，并展示给学校其他学科。篮球精品课

第三章 校园篮球教学现状与改革创新

程面向的对象是高校全体学生，对所有学生都有积极的影响，可以将自身的育人价值充分地发挥出来，其他任何学科的课程都不能代替这一优秀的课程。在高校所有的重点课程中，篮球精品课程占据一定的地位并产生相应的影响力。同时，为了建立高校体育工作间的联系，需要建设精品课程及其他新型课程，使精品课程的建设能够达到公认的发展水平。

（三）受外部促成因素的影响

（1）高校在扩大招生规模后，办学资源不足，且资源质量较低，面对这一窘境，要想促进篮球教学质量的提高，就需要对精品课程进行建设，并发挥其示范作用。

（2）高校的办学理念与思想是在不断变化与更新的，所以对篮球教学质量进行衡量的指标与方法也在相应地变化，建设篮球精品课程可以为教学质量的衡量提供一个可靠方法。

（3）高校体育教学改革过程中，不可能在短期内全部实现对教学内容、方法及模式的改革，而且改革的效果在短期内也不明显，鉴于此，可以将建设篮球精品课程作为一个实验，发挥其导向作用。

（4）高校大学生的价值观在不断变化，要想促进高校体育教学目标的顺利实现，就需要让大学生对"健康第一"的理念与思想有一个正确认知，而建设篮球精品课程对吸引大学生的注意力，帮助其充分理解"健康第一"的价值理念具有积极意义。

二、篮球精品课程建设与改革要点

（一）明确篮球精品课程建设的目标

1.通过篮球精品课程建设促进学生体育能力的全面提升

体育能力是一个有机的综合体，构成要素主要是体育知识、体育情感、体育智能、体育技术及技能，拥有良好体育能力的个体可以从事多方面的体育活动。大学生具备良好的体育能力后，当其步入社会时，可以以条件与环境的变化为依据对自己喜欢的体育活动、体育事业加以选择，以促进自身生存发展及健康需求的满足。

2. 以篮球精品课程为载体促进学生综合发展

通过指导学生学习与掌握篮球精品课程的理论和实践内容，促进学生身心健康水平的提高，使学生可以采取有效的方法来对自己的情绪进行调节，促进其心态的改善和心理障碍的消除，同时使其将良好的道德水准和篮球协作精神表现出来。高校体育教师通过讲授篮球科研的理论与实践知识，使学生对国内外篮球科研的最新动态进行及时了解，对篮球科研的方法与工作程序予以掌握，从而促进其篮球科研能力的初步形成。

（二）深化篮球精品课程教学改革

1. 篮球精品课程教学改革的目标

高校中实施篮球精品课程教学的改革主要是为了实现以下目标。

第一，促进学生体质的不断增强，使学生的篮球技能得到强化。在促进学生篮球专业技能提高的同时，对学生的体育能力进行重点培养，如教学能力、训练与比赛能力、竞赛组织能力等。

第二，使学生对篮球发展的历史、基本规则及裁判法、篮球健身方法加以了解，促进其良好体育意识的形成，并使其终身锻炼的习惯得以养成。

第三，促进学生锻炼计划设计的能力与自我评价能力的不断提高。

第四，使初级学生对篮球技战术加以掌握，提高与强化中高级学生的技战术水平。

第五，对学生的综合应用能力进行培养，特别是促进学生组织与管理篮球竞赛能力的提高。

第六，促进学生自主学习能力的提高及体育科研、创新能力的增强，从而促使学生的综合素养得以提高，使其能够与未来的就业、发展需要相适应。

第三章　校园篮球教学现状与改革创新

2.篮球精品课程教学改革方案

（1）贯彻因材施教的原则

对"以人为本""因材施教"的原则加以贯彻，以体育学院生源的实际情况为依据，将篮球精品课程教学要求分为一般要求和较高要求两类。绝大多数的大学生要达到一般要求，起点较高、学有余力的少数学生要达到较高要求。

（2）分板块教学

将篮球精品课程教学分为基础、提高和发展三个板块。其中，所有的学生都要达到的一般教学要求是"基础板块"；"提高板块""发展板块"是针对少数有良好篮球基础的学生而设立的，以促进这部分学生篮球技能运用能力的提高。

（3）综合理论与实践教学

篮球精品课程教学分两部分，即理论教学和实践教学，课堂教学与网络教学是理论课程教学的主要途径，课堂、室外与网络相结合的教学模式是实践课程教学中主要采取的模式。

（4）实行分层、分级教学

分层教学指的是篮球精品课程教学分选修、专修和必修三个层次。

分级教学针对的是必修学生。在开始授课前，学生要参与初评考试，然后以其考试成绩为依据对其进行初级、中级与高级的划分，并实行分级教学。对于初级学生，主要是提升其篮球技术水平。对于中级学生，主要是提升其技战术水平及战术运用能力。对于高级学生，重点对其科研能力和技战术应用能力进行培养。

（5）开展教学评估

在篮球精品课程教学的总成绩中，理论课、技术部分和技能部分所占的比例分别为30%、40%、30%。对于不同层次与级别的学生所采用的教学评价方法与手段也不相同，注重对学生的自我评价能力进行培养，并对学生实施综合评价。

第四章　校园篮球后备人才培养理论与路径探索

优秀的篮球后备人才是我国篮球事业可持续发展的重要资源和动力因素，学校是培养篮球后备人才的重要途径之一，新时代充分发挥学校的育人作用，大力发展校园篮球，并通过体育系统与教育系统的融合而积极有效地培养全面发展的校园篮球后备人才，对促进我国篮球运动的发展具有重要意义。本章主要对校园篮球后备人才培养理论与路径展开分析，内容主要包括篮球后备人才及其培养理论；体教融合视域下校园篮球后备人才培养模式的构建；校园篮球后备人才培养的现状、主要困境、优化路径以及国外篮球后备人才培养经验对我国的启示。

第一节 篮球后备人才及其培养理论

一、篮球后备人才的概念与特点

(一)篮球后备人才的概念

篮球后备人才指的是有一定篮球运动天赋,通过系统的训练后能够对篮球运动的发展做出一定贡献的运动员。这种定义基本上和原国家体委所界定的二线、三线运动员相同。其中,二线主要指的是竞技体校、体育运动学校等,另外一些由政府开办或者民办的各类青少年业余体育俱乐部也包含在内;三线主要指体育中学、普通与重点的业余体校。一般情况下,我们把二线、三线的青少年篮球运动员视为篮球运动后备人才。

(二)篮球后备人才的特点

篮球后备人才作为体育人才的一种类别,和其他运动项目的体育人才有着一定共性,即不仅有自身的自然属性,同时又有一定的社会属性。除此以外,篮球运动后备人才还具有自身独特的特点,具体如下。

1.人才的潜在性

只有在一定的社会环境条件下,经过一定的篮球实践活动才能够发现并培养出篮球运动后备人才。对于通常的篮球运动人才来说,他们所具备的篮球运动方面的专业知识与能力,已经获得了社会的普遍认可或者已经处于中高级阶段,而篮球运动后备人才只是篮球运动人才的初级阶段,一些内在或外在的机制对他们的篮球技能以及篮球天赋都有较大影响,并表现出明显的潜在性。

外在机制主要指的是社会认可机制,篮球运动后备人才的社会认可受到很多因素的影响,包括用人制度、传统人才观念、社会环境等,这种社

第四章 校园篮球后备人才培养理论与路径探索

会认可具有两重性。也就是说,一些篮球运动后备人才可能会被社会(团体)认可,也可能不会被社会(团体)认可,这就导致了很多有较高篮球运动天赋的人才一直都得不到展现的机会,从而造成了我国篮球运动人才的损失。

内在机制主要指的是自身机制。在篮球运动后备人才培养的实践活动中,一些后备人才在取得了一定的运动成绩、获得社会认可后,便降低了对自身的要求,在成绩面前失去了自我,从而葬送了自己光明的前途。

2.人才的时效性

物质形态在一定时期内所发挥出的效用就是所谓的时效性。作为一种特殊的活体物质形态,人类不仅有自身的生命周期,并且在生长、发育、成熟与衰老的各个时期都会将各自不同的特点表现出来。篮球运动后备人才的培养具有很强的时效性,人的各种身体素质包括力量素质、耐力素质、速度素质等在青少年时期提升得最迅速,如果在这个时期没有把握好各个素质发展的时效性,这必然会在很大程度上减弱运动训练对人体的效用,甚至会对其成才之后的可持续发展造成不利影响。

3.人才的稀缺性

我国是世界上人口最多的国家,同时也是人力资源大国。虽然我国有着丰富的人力资源,但是由于青少年群体在特定条件下受到很多不利因素的影响,导致能够作为篮球运动后备人才的青少年非常稀缺。因此,要对现有的青少年群体加以培养和挖掘。此外,还要严格禁止短期训练行为,如"毁灭式""拔苗助长式"等一些不科学的训练方式。

二、篮球后备人才培养的指导思想

(一)以人为本

培养篮球运动后备人才,必须树立以人为本的观念,将以人为本作为根本出发点和落脚点,同时要树立新型发展观,即篮球的发展离不开众多人的参与，篮球的发展成果可以由多数人共享。

（二）可持续发展

篮球运动后备人才培养要走可持续发展之路，体教融合不但有利于全面提高篮球运动后备人才的文化水平与综合素质，而且有利于提高篮球运动后备人才的竞技能力与比赛成绩，这为篮球运动后备人才的可持续发展奠定了坚实基础。

三、篮球后备人才培养的要求

（一）制定明确可行的培养目标

在篮球后备人才的培养中，要对个性迥异的后备人才制定明确而实际的培养目标，并围绕培养目标而设计培养计划，注意不同年龄阶段运动员培养的不同内容和要求，培养过程要体现出针对性，这样才能提高培养的效果，实现预期的培养目标。

（二）营造轻松有趣的训练氛围

在篮球训练过程中，教练员要密切关注运动员的兴趣，努力创造和谐有趣的训练氛围，提高运动员训练的积极性。在青少年篮球训练的早期阶段，不要过分追求比赛成绩和结果，教练员应该对青少年运动员在训练过程中的表现给予积极的鼓励，这样有利于后备人才的培养和发展。

（三）提高教练员的专业水平

要想提高篮球后备人才的竞技能力，就要先提高篮球教练员的专业水平。这就需要建立专门的教练员培训部门，对篮球教练员进行系统、正规的培训和管理，提高篮球教练员的专业水平。

第二节　体教融合视域下校园篮球后备人才培养模式的构建

体教融合是我国培养竞技体育后备人才践行的科学理念。随着体教融合理念的不断完善和社会的快速发展，学术界关于体教融合的表达方式越来越多，不局限于竞技体育领域，但目前体育后备人才的培养与发展依然是体教融合理念研究的主题与焦点。树立体教融合的体育人才培养理念，要对体育与教育的规律、原则等予以遵循与贯彻，对青少年后备人才的自主选择权予以尊重与强调，关注青少年后备人才的文化教育和科学训练，将人才培养的首要任务确立为促进青少年的全面发展，促进体育后备人才培养的可持续发展。在校园篮球后备人才培养中同样要树立体教融合的培养理念，按体教融合的指导思想培养全面发展的青少年篮球后备人才。

一、体教融合的科学解读

（一）体教融合的阐释

体教融合指的是体育与教育的融合，具体是指学校文化教育、体育教育与学校竞技体育人才培养的融合。这是我国培养优秀体育人才的重要指导思想与模式，在该模式下，竞技体育属于一种教育手段，以全面培养学生的健康体质和竞技能力为主，同时培养竞技体育人才又离不开教育这一载体。教育是人才培养的土壤，如果忽视教育，那么不可能培养出全面发展的体育人才。[①]

将体育与教育简单相加并不是真正意义上的体教融合，从二元论出发将体育的价值取向与教育的价值取向叠加在一起，也不能算作体教融合。体教融合是体育与教育高层次、全方位的融合形式，将二者有机融合，需要从根本上做出多方面的改变，主要涉及教育思想、教育制度、教育价值观、教育功能观等方面。体教融合理念所追求的最高目标是人的全面发展。

体教融合的形成意味着要从根本上变革传统体育人才培养体系，包括对教育体系的变革。通过进行本质上的变革，使青少年体育后备人才既能接受学校文化教育，又能参加专业运动训练，还能接受有助于个人发展的社会机会。促进青少年体育后备人才（学生运动员）的全面发展是体教融合中"融合"二字的核心价值。要使青少年体育后备人才真正获得全面发展，就要将体教融合中的阻碍或体育系统与教育系统之间的隔阂最大程度地予以消除，要预防体教分离，也要避免表面形式的体教结合，否则青少年体育后备人才就会被挡在教育大门之外，无法顺利学习学校文化知识，影响其文化水平的提升和全面发展，也影响其升学与社会化发展。

树立体教融合的理念，必须对传统的教育体系和体育后备人才培养服务体系予以改革，加快学校教育系统的重建，对体育系统与教育系统的资源进行优化配置，加强资源的重组与融合，对传统教学策略进行改进，满足青少年体育后备人才的文化学习需要和运动训练需要。

（二）体教融合的表现

全方位贯彻体教融合理念，要积极促进目标融合、资源融合和措施融合（图4-1），下面作简要分析。

[①] 高建玲.我国普通高校推进"体教融合"的路径解析[J].当代体育科技，2020，10（36）：138-140.

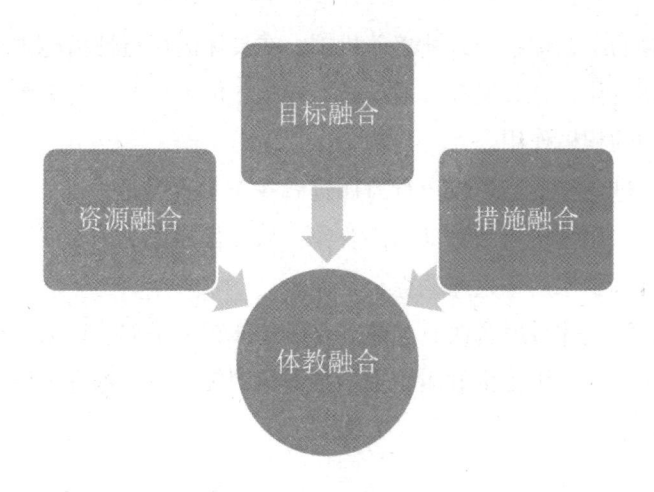

第四章　校园篮球后备人才培养理论与路径探索

图4-1　体教融合的全面贯彻

1. 目标融合

体教融合的宗旨是促进青少年健康与全面发展，培养全面发展的体育后备人才。体育系统与教育系统应围绕这一宗旨，统一明确培养目标，使体育后备人才培养有明确的方向，并在目标引领下实现体育与教育的全领域融合、全阶段融合以及全方位融合。在目标融合中，要重点推动学校体育后备人才培养机制的健全与完善，对"体育人"的功能和价值进行深入挖掘，并加强学校与社会之间的互动与合作，使教育系统中对青少年体育后备人才的培养获得社会各界的关注、支持和参与。

2. 资源融合

体育与教育的融合还要落实在资源融合中，整合有关部门的优势资源，并合力开发能够促进青少年运动员发展和竞技体育可持续发展的体育资源与教育资源，优化配置各类资源，促进资源共享，为体育后备人才的体教融合培养提供良好的资源条件，创设人才培养的优良物质环境，从基础上保障体教融合的高效运行和青少年体育后备人才培养的顺利开展。

3. 措施融合

体教融合理念最终都要在一个个具体的措施中贯彻落实，因此全方位深入贯彻体教融合理念，还必须加强措施融合。在体育系统与教育系统的措施融合中，要对学校体育的基础地位加以巩固，促进体校培养效能的提升，完善体教融合的组织体系与人才培养机制，在具体的可行性措施中开展各项可操作的具体工作，充分发挥普通学校、体校、俱乐部及社会组织在体育后备人才培养中的积极作用。

首先，进一步推进学校体育对体育后备人才的培养。

其次，深化体校与教育部门的合作，从文化知识、运动训练、道德培养等方面提升青少年后备人才的综合素养。

最后，深化体教融合改革，建立青少年体育俱乐部、培训机构，建立校企合作机制，为学生提供健康管理、技能培训等服务，推进体育、文化、教育等互融互通。[①]

（三）体教融合的特征

体教融合的特征主要体现在体教融合下体育后备人才的培养体系中，具体体现在培养目标、培养主体和培养过程中。这几个方面的特征也是体教融合与体教结合相比所具有的独特性或优势。

下面具体分析体教融合的三个主要特征。

1. 培养目标的长远性

体教融合理念下，体育后备人才培养工作被纳入教育体系中，竞技体育人才的培养重任由教育系统承担，教育系统培养竞技体育人才的长远目标是为国家输送优秀的全面型运动员人才，短期目标是增强学生体质、促进学校文化建设、为学校争得荣誉。短期目标是为长远目标服务的。以往学校只重视短期目标，选拔有天赋的运动苗子组建运动队，强调学生多训练，尽快提高运动成绩，或特招运动员，提高学校运动队的实力，为学校争光，从而忽视了学生的文化学习，表现出急功近利的一面，导致体育后备人才培养无法实现可持续发展的目标。

[①] 龚佳雨，何阳.体教融合视域下我国竞技体育后备人才培养的困境与路径[J].青少年体育，2022，116（12）：62-64.

第四章　校园篮球后备人才培养理论与路径探索

2. 培养主体的唯一性

传统的体教结合培养理念包含教育系统和体育系统两个培养主体，两个主体虽然都是为培养人才服务，但毕竟属于不同的系统，双方之间存在一些利益矛盾，这对体育后备人才培养的顺利进行及竞技体育的发展造成了严重阻碍。体教融合模式中只有一个培养主体，那就是教育系统，该模式倡导在教育体系中融入体育后备人才培养计划，教育系统吸收体育系统的优势资源用于培养人才，教育系统要将自身的主观能动性和育人价值充分发挥出来。体育部门作为辅助系统，为教育部门提供资源，在后备人才选拔、培养和教练员培训等方面出谋划策，提供指导，这样可以使两个系统权力与责任分明，减少利益冲突，防止出现在传统培养模式运作中存在的互相推卸责任和利益冲突的现象。

3. 培养过程的科学性

在教育系统中培养体育后备人才，在教育部门中融入体育资源，特别是融入优秀的教练员人力资源和科研资源，能够有效加速青少年体育后备人才的培养进程，提高培养过程的科学性与最终培养效果。教练员的专业水平和其他相关人力资源的配套程度，直接影响青少年体育后备人才运动训练的科学水平。如果没有优秀的教练员在青少年体育后备人才的基础训练阶段对其提供科学指导，也没有高水平的教练员实施有效的训练方法，那么将会严重制约青少年运动员基础水平的提升。将高水平教练员融入教育系统来指导人才培养工作，能够使培养过程更加科学有效。

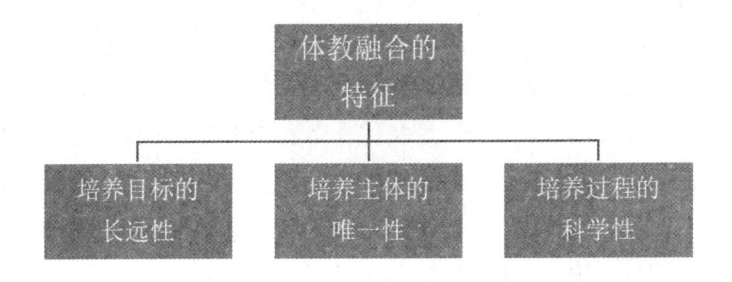

图4-2　体教融合的特征

(四)体教融合的意义

1. 实施素质教育的科学途径

中国教育将"立德树人"作为根本任务,将"健康第一"作为根本理念,要贯彻这一根本理念,完成这一根本任务,都离不开素质教育,而体育在普及素质教育及推动素质教育发展方面发挥着非常重要的作用,具体表现为培养学生乐学的态度,提升学生的体质健康水平,锻炼学生的意志品质,促进学生健康人格的形成。但目前来看,我国一些学生缺乏运动兴趣,身心健康状况不乐观,缺乏良好的体育道德素养,良好的体育锻炼习惯尚未形成,终身体育意识淡薄。为此,学校体育改革迫在眉睫,这就要求树立"体教融合"的理念,推进学校体育教育体系的改革与完善,促进学校体育教育水平的提升,使体育在培养学生综合素质及推进学生全面发展方面的重要价值充分发挥出来。

2. 培养体育人才的重要路径

我国在培养竞技体育运动员方面建立了一套专门的体制与制度,并在实践运行中取得了一定成果,这是中国体育能够在世界体坛占据一定位置的重要原因之一。虽然我国有大量优秀的竞技运动员,他们在世界各大竞技体育比赛中取得了无数的好成绩,但我国尚未发展成为名副其实的"体育强国"。我国从"体育大国"迈向"体育强国"的道路之所以充满坎坷,主要原因有:我国体育事业市场化水平低;篮球、足球等重要竞技体育项目的竞技成绩不理想;缺乏竞技体育后备人才,人才断层严重,培养效率和质量都不高;等等。在这一背景下,要树立"体教融合"的体育人才培养理念,以拓展我国对竞技体育后备人才进行选拔与培养的范围,扩大体育人口规模,解决竞技体育后备人才培养后劲不足及优秀运动员断层的问题。此外,"体教融合"理念强调在竞技体育人才的培养中不能忽视文化教育,要维护所有学生的受教育权,使学生在文化教育和运动训练的过程中全面提升思想道德素养、文化知识素养、运动能力素养以及创新素养,这有助于为国家培养全面型体育人才,也是现代社会发展及竞技体育发展的基本要求。

第四章　校园篮球后备人才培养理论与路径探索

二、体教融合对培养校园篮球后备人才的重要性

我国篮球运动的发展离不开体教融合，将体教融合落实在校园篮球后备人才培养实践中，要加强体育与教育的深层融合、多元融合，推动体育与教育的协同发展，共同培养优秀的篮球后备人才，早日实现体育强国战略目标。具体而言，体教融合对培养校园篮球后备人才的重要性体现在以下三个方面。

（一）有利于促进篮球后备人才的全面发展

要培养优秀的校园篮球后备人才，必须突破单一的培养模式，注重培养对象的全面发展。通过体育与教育的融合，促进人才培养中课外活动的丰富、体育活动的多元化、训练模式的创新，最终促进青少年健康水平和篮球运动水平的提升。树立体教融合理念，要将青少年篮球运动员与普通学生的差异淡化，使青少年篮球运动员也能像非运动员一样正常学习，提高其文化知识水平和人文素养，这样能够使青少年未来发展之路更广阔。

（二）有利于提高篮球后备人才培养的科学性

面向青少年的任何教育都要从青少年的身心特点出发来开展具体教育工作，这也是遵循教育规律的体现。从青少年身心发展的特征与规律出发提升其文化水平和运动能力，需要走体教融合之路。在体教融合理念下，学校不断优化师资队伍，提升师资力量水平，使青少年篮球运动员的培养更科学、全面，更有实效性，最终促进青少年篮球运动员综合素质的提升。

（三）有利于确立篮球后备人才培养的相关制度与政策

体教融合强调同时发展体育事业与教育事业，对二者之间的关系予以强化，将二者之间的矛盾消除，积极建设篮球后备人才培养的管理体系，为体

育部门和教育部门制定相关政策与出台相关规定提供思路与依据，并形成合力，共同推动新政策与制度的推行与落实。

加强体教融合，还要对教育与体育两大部门的职能予以优化与完善，共同建立篮球后备人才培养的监管机制，构建人才培养质量的评价体系，优化人才培养过程与提升人才培养效果，使相关制度与政策的优势与功能得以彰显和充分发挥。

三、体教融合视域下校园篮球后备人才培养模式构建的思考

（一）模式设计的构想

为提高我国校园篮球后备人才培养质量，我国应以"体""教"两个系统为主导、以政府政策为保障、以社会参与为辅助来构建校园篮球后备人才培养体系。有关学者对我国篮球后备人才培养现状进行了细致的调查与全面的分析，并受到了国外篮球后备人才培养的启发，从而提出了校园篮球后备人才培养的新模式，如图4-3所示。

我国校园篮球后备人才培养新模式构建的基本指导思想是科学发展观、以人为本理念、可持续发展理念，即以全面、协调、可持续发展为基础，彻底贯彻以人为本的思想理念。坚持以人为本的指导思想，就是在人才培养中，以后备人才为基本出发点和最终落脚点，秉承科学态度，采用科学手段，坚持体教融合，即在教育培养体系中融入后备人才培养体系，在教育过程中将竞技体育作为一种手段。

（二）培养模式的实施

体教融合下校园篮球后备人才培养的模式主要从两方面运行，一是纵向培养，二是横向培养。

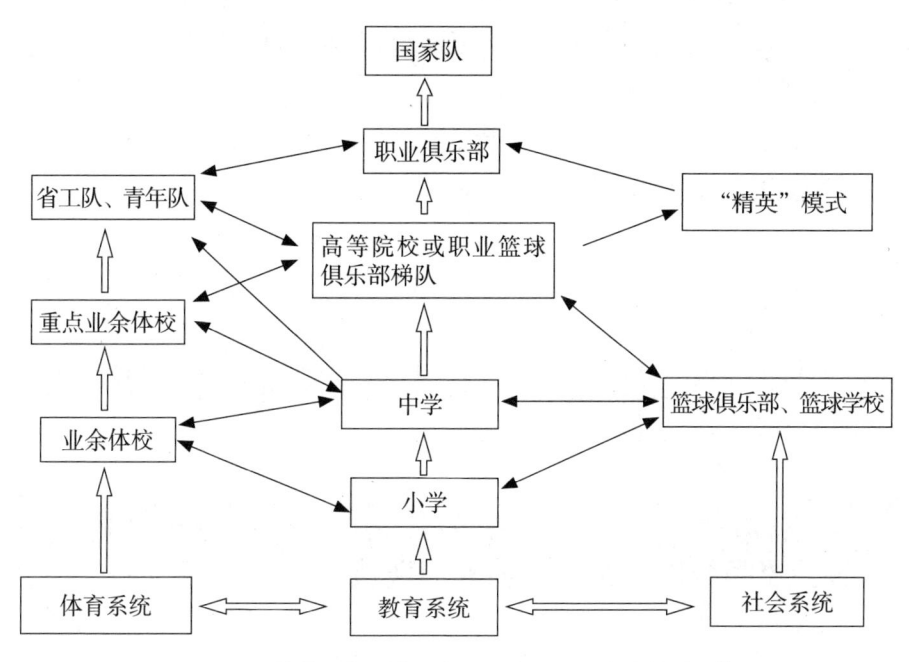

第四章 校园篮球后备人才培养理论与路径探索

图4-3 体教融合视域下校园篮球后备人才培养模式[①]

1. 纵向培养

（1）以体育系统为主导

以体育系统为主导的纵向培养走"业余体校→重点业余体校→省工队、省青年队→职业篮球俱乐部→国家队"之路，对学习和专业能力突出的运动员进行培养是该渠道的主要目标。

（2）以教育系统为主导

以教育系统为主导的纵向垂直培养走"小学→中学→大学→职业俱乐部梯队→职业俱乐部→国家队"的培养之路，对文化素质及专业能力全面发展的人才进行培养，向高等院校和体育专业院校输送优秀后备人才是该渠道的主要目标。

2. 横向培养

从横向看，以小学、中学、大学培养为主。其中小学是人才培养的出发

---

① 于振峰，等.新时期我国竞技篮球项目后备人才培养研究[M].北京：北京体育大学出版社，2012.

点，中学是人才培养的关键阶段，大学是人才培养的重点阶段。

在篮球后备人才培养的新模式中，每个节点都非常重要，相互之间都会产生影响，所以必须将这些节点衔接起来，不要厚此薄彼，从而使篮球后备人才的输送工作更顺利，减少人才流失。

第三节　校园篮球后备人才培养现状与困境分析

一、校园篮球后备人才培养的现状

（一）培养经费的现状

经济基础是一项事物发展的重要前提，对于篮球运动也是如此。篮球运动的发展离不开经济建设，经济基础是篮球后备人才培养的基本条件。虽然篮球运动是我国学校体育中开展较好的项目之一，但很多学校也存在经费不足的情况。学校篮球运动的经费主要来源于学校和上级行政部门的拨款，缺乏社会力量的资助，资金来源比较单一，导致校园篮球后备人才培养没有良好的经济保障，培养工作举步维艰。

（二）培养管理体制的现状

1. 篮球后备人才的管理

篮球后备人才管理主要分为外部管理与内部管理两个方面，要将这两个方面的管理结合起来进行。

（1）外部管理。在这一方面，篮球后备人才主要由各市教委体卫艺处、体育协会等体育组织进行管理，有关篮球后备人才的管理工作都在其领导下

第四章　校园篮球后备人才培养理论与路径探索

进行。

（2）内部管理。内部管理主要是指学校机构的管理工作。通常是在校长的分管下，由体育教研组长负责。由于学校、教练员、运动员的利益目标存在着一定的不同，因此培养目标也存在着一些差异。

2. 篮球后备人才自身管理

关于篮球后备人才的自身管理，目前主要存在以下几种情况。

（1）学生上篮球课或者参加篮球运动训练的功利性较强，其目的主要是升学或者能为将来的发展提供一定保障。

（2）篮球后备人才的升学以及未来发展等问题无法得到有效解决。

（3）一些学校不重视篮球后备人才的培养，存在严重的观念问题，这非常不利于篮球后备人才的选拔工作。

3. 篮球运动队的内部管理

对篮球运动队而言，内部管理质量如何，将对其发展产生至关重要的影响。目前，在运动队的内部管理方面，主要存在部门工作协调配合不默契、篮球人才培养意识欠缺等问题。这对我国校园篮球后备人才的培养是十分不利的。

（三）培养评价机制的现状

建立一个健全和完善的篮球评价机制，能为我国校园篮球后备人才的培养与训练提供重要的保障，因此体育部门要对此给予高度重视。一个完善的篮球评价机制主要包括人才选拔、人才培养、人才训练等多个方面，这些方面缺一不可，要统一起来。目前来看，我国绝大部分地区都没有建立一个完善的篮球评价体系，还需要不断地努力。

篮球后备人才的选拔非常重要，像美国、西班牙等篮球强国都非常重视篮球人才的选拔，经过长期的发展，基本建立了一个完善的选材指标体系。而我国在这方面则比较欠缺，篮球人才选拔评价指标还很不健全，只重视比赛的结果，而忽略了对比赛过程中运动员发挥情况的评价。

(四)篮球后备人才的发展现状

1. 生源情况

关于篮球后备人才的来源，可以大致归纳为：学校选择、学校特招、教练员选拔以及自我推荐这几种。

调查发现，我国大部分篮球后备人才的来源是在校选拔。具体来说，学生是通过文化考试和篮球培训成为篮球运动员的。其他通过学校招聘、教练员校外选拔等途径成为篮球运动员的数量要少一些。以校内选拔渠道为例，在通过这一渠道选拔的篮球后备人才中，对篮球感兴趣且篮球专业水平比较高的占到了大部分，其他的所占比重则比较小。从学校的角度来说，通过校内测试选拔是学校获取优秀运动员的主要渠道，篮球后备人才选拔渠道有限，这就对学校获取高水平运动人才造成了制约，因此，进一步改进和拓展篮球后备人才选拔渠道至关重要。

2. 知识储备

大部分篮球后备人才是具备"文化课和篮球训练同样重要"的意识的，但是，在行动上却无法与其认知相适应，也可能是由于考试、训练、比赛的时间冲突，或者训练后身体疲劳，难以集中精力进行文化课学习，从而对学习效果和质量产生了影响，逐渐进入负向循环中。

(五)篮球教练员的现状

当前，我国学校篮球教练员大都由本校体育教师兼任，少数高校聘用了专业教练员专门负责指导高水平篮球运动队的训练。兼任教练员的体育教师既要完成体育教学工作，又要完成篮球业余训练的任务，工作负担很重。而且学校篮球教练员尤其是体育教师兼任的教练员多数没有教练员资格证书，甚至有二级以上篮球运动员运动等级证书的也很少。而且教练员参加过专业培训和市级以上比赛的也不多。[①]由此可见，学校篮球教练员队伍整体专业

---

① 孙凤龙.我国学生篮球运动员培养体系研究[D].东北师范大学，2018.

第四章　校园篮球后备人才培养理论与路径探索

水平有限，不利于学校篮球训练的发展，也无法保障篮球后备人才培养质量。所以，现阶段提升篮球教练员队伍的整体素质和水平是促进我国校园篮球发展的重要任务，也是健全校园篮球后备人才培养体系急需解决的重要问题之一。

二、校园篮球后备人才培养的困境

（一）经费得不到保障

篮球后备人才的发展需要一定的资金作保障，这是重要的基础条件。调查发现，用于篮球后备人才培养的经费无法满足实际需要是校园篮球后备人才培养中面临的主要问题之一。尽管国家在这方面是有一定专项拨款的，但是，能享受到这种待遇的学校微乎其微。长此以往，对培养优秀后备人才产生了很大影响。

市场经济背景下，资金在很大程度上影响着人才引进，这是关键因素。篮球后备人才流动已经成为全国各地的普遍现象。但从人才引进方面来讲，一些省市的资金投入可能不甚理想，对篮球后备人才的吸引力不足；另外，在奖励机制方面没有做好相关工作，地方对篮球人才培养的动力不足。

（二）体教矛盾突出

当前，我国校园篮球运动后备人才培养中体教矛盾突出的问题没有得到有效解决，篮球后备人才的文化基础比较薄弱，文化素质不高，就业问题无法得到有效保障，这对篮球后备人才队伍的发展造成了很大制约。

目前，我国篮球运动后备人才培养主要通过体育部门主管下的各级各类体校来完成，其主要任务就是为优秀的篮球运动队培养出具有发展潜力的篮球后备人才。同时，为了有效保障国家经济体育发展战略与各省、市、自治区全运会战略的顺利实施，运动员的训练任务不断加重，训练时间也不断延长。为有效提高训练水平,将文化课学习的时间用来进行运动训练成为常见现象,这就导致运动员的文化教育得不到保障,学训矛盾激化。

(三)训练科学化程度较低

青少年篮球运动员每天一般都是在早操时间训练,再加上下午半天训练,相对专业的运动员甚至要进行全天候的训练,这种训练模式存在"时间战""消耗战"的问题。"时间战""消耗战"不仅导致运动员身心疲惫,同时也使教练员没有足够的时间思考,对自己的训练经验不能进行有效总结,这是导致篮球运动后备人才培养质量不佳的主要原因之一。

第四节 校园篮球后备人才培养中突破现实困境的路径探索

一、提供资金支持

对培养校园篮球后备人才来说,加大资金投入,优化运动环境是至关重要的。具体来说,要根据实际情况适时增加资金投入,使篮球运动训练的相关设施得到完善,营造更有利于校园篮球运动开展和校园篮球后备人才发展的良好环境。体育局及相关主管部门应通过调查等方式,了解学校的办学条件、篮球运动成绩、开展篮球运动的积极性、影响力等相关指标。学校领导一定要重视校园篮球运动的开展,积极扩展人才培养渠道,丰富人才选拔的方法,使校园篮球后备人才的"数"与"质"都得到保证。

上级教育主管部门、学校对篮球后备人才发展的重视程度也要进一步提升,积极改善现有篮球运动发展条件,特别是从政策、资金等层面加大支持

第四章　校园篮球后备人才培养理论与路径探索

力度，使篮球设施尽可能完善化、齐全化，不管是设施器材的数量还是质量，都要有所改进，从而满足篮球后备人才培养的需要。另外由于篮球运动的特殊性，运动损伤是无法避免的，因此，对学校来说，提供较好的医疗条件也是至关重要的。

二、进行多种形式的选材

一般来说，负责选拔篮球运动员的人员都是专业篮球运动队的教练或者与篮球运动有关的专业人员。在这样的选材形式下，被选中的运动员进入队伍之后通常会先场外进行见习，如果实在没有可以用到的运动员时，其才有机会上场。这种选材体制的弊端是十分明显的，篮球运动员在这样的选材体制下是无法获得可持续发展的。

校园篮球运动后备人才培养要符合客观实际，即与我国篮球运动职业化的发展方向和现阶段我国篮球市场的发展方向相符，要通过落实篮球后备人才的选拔与合同聘用制度，促进选材形式的完善。对篮球运动员进行选拔时，要注意"伯乐式选材"的缺陷与不足，重点进行综合选材，而且选材的形式要丰富多样。

三、多渠道、多层次培养

（一）多渠道培养

在篮球运动中，具有很大发展潜力的运动员向职业篮球运动员发展的渠道，主要有从小学到大学的篮球学习与训练，参加中国大学生篮球联赛（CUBA）、军地篮球比赛等；另外还有一种渠道就是从小学开始接受篮球训练，然后进入体校，之后进入篮球运动的专业学校，最后在大学接受篮球训练。在篮球专业学校中从事篮球运动的学生可以直接进入职业篮球队，也可以先进入青年篮球队，然后再进入职业篮球队。因为篮球运动的普及范围很广，而且拥有良好的群众基础与人才基础，所以在学校接受篮球训练的运动员并不需要有太多的顾虑。

（二）多层次培养

培养篮球后备人才具有三个基本的层次，即基础教育—专业训练或大学教育—职业俱乐部运动队。这三个基本层次中每个层次都会有一定的训练环节，而且这些训练环节本身又是多层次的。

四、重点解决学训矛盾

校园篮球后备人才在发展成为高水平优秀运动员之前，"学生"依然是他们的第一身份，学习文化知识是他们的首要任务。因此，学校在校园篮球人才培育中，不能本末倒置，不能将篮球训练放在文化课学习前，不能占用学生的文化学习时间，而要在文化课学习和篮球训练中找到平衡点，科学、合理地制订学习和训练计划，将学生文化学习与篮球训练的关系处理好。

具体而言，解决校园篮球后备人才学训矛盾需要从以下几个方面着手。

（一）文化课学习方面

学校应将体育特长班的学生分配到普通班级一起学习。文化课教师多关注这部分学生，培养学生学习文化知识的兴趣与积极性。如果这些学生要参加比赛，则文化课老师布置的课后作业可适当减少，使学生有训练和休息的时间。在座位安排方面，注意学生之间的相帮相辅，帮助提高体育特长生的文化课成绩。

第四章　校园篮球后备人才培养理论与路径探索

（二）篮球训练方面

从不同运动员的个性特点出发因材施训。不要一味采用传统单一的篮球训练方式，应对训练方法和模式加以改革创新，将互联网等现代资源充分利用起来，将国内外成功的训练模式引入校园篮球训练中，结合运动员的特点、学校现有条件来实施这些模式，设计有特色和科学有效的训练方法，有目的地实施这些训练方法，促进日常篮球训练质量的提升。

（三）学校政策方面

学校有关部门要重视科学培养篮球运动后备人才，教育部门针对体育后备人才的升学制订相应的优惠政策，为篮球后备人才的文化学习和篮球训练提供良好环境，激励学生努力学习和训练，使学习和训练两者兼得，这样也能减少学生家长的担忧，使学生运动员的训练获得家长的支持。

五、建设学校篮球基地

（一）提高重视

学校篮球基地的建设要始终遵循国家和地方的相关政策，符合国家的规定。这就要求相关部门高度重视篮球运动的发展，领导的重视程度会对篮球基地建设质量产生直接影响。

（二）逐渐完善教育体制，保证人才输送率

学校篮球基地建设主要是为了高水平篮球人才的培养和输送，基地人才输送情况对于后备人才、家长、学校来说都是非常重要的。为了促进高水平后备人才基地的可持续发展，学校要解决的首要问题就是对训练教育体制的

改进和完善，拓展运动员出路。此外还要加大对篮球运动的宣传力度，将篮球后备人才的训练目的明确下来，培养并强化篮球后备人才参与专项训练的兴趣和自觉性，与家长联合起来支持后备人才训练，提高将后备人才向高水平运动队输送的效率。

（三）优化篮球教学方式和教学内容

学校篮球基地建设也要注意文化课的开展，教学方式上要更加完善，教学内容要简而精，能够满足青少年学习需求，要将后备人才的文化理论学习与篮球专项训练的关系处理好，使两者相互促进，共同进步。

（四）提升教练员综合能力，保证教学训练质量

教练员的综合素养和专业能力对篮球后备人才的培养效果产生直接影响。年轻的篮球教练员是基地未来发展的宝贵财富，他们普遍具有学历较高、可塑性大、积极上进等显著优点。同时，他们也具有一定的不足之处，比如，执教的时间比较短，训练实践经验不足等。鉴于此，基地应该采取措施提升基地篮球教练员的专业能力，也可以根据实际情况，采用经验丰富的教练员带动年轻教练员共同学习进步的形式，使教练员队伍的专业素养得到全面提升。

六、进行赛制改革，增加青少年篮球比赛数量

我国应积极改革篮球比赛体制，增加体育系统与教育系统的青少年篮球比赛数量，通过比赛来选拔与培养优秀的青少年篮球运动员。具体来说，我国在篮球赛事方面采取的改革措施有举办不同级别及各个赛区的篮球比赛；各地在教育与体育系统内增加青少年篮球赛事的数量；利用社会资源，鼓励社会单位举办多种形式的青少年篮球赛事；举办大学生篮球联赛；等

等。这些举措能够促进青少年篮球后备人才竞技水平的提高和实战经验的丰富。

第五节　国外篮球后备人才培养经验对我国的启示

一、国外篮球后备人才培养经验

（一）美国

美国主要是在教育系统中培养篮球人才，下面分析美国教育系统的篮球后备人才培养模式。

1. 组织机制

（1）中学校际体育管理

美国主要是在地方级别管理中学体育，多在教育系统内制定规程、政策。对于州中学体育协会所制定的规章，地方学校无条件承认，并在校内落实。学校董事会是非常重要的教育组织，是经过严格选举而产生的，校区内工作人员经过选举后个别成为董事会成员，董事会的主要职责是确定学区体育项目、制定学校体育发展政策、为学校分配教育资源或体育资源、进行经费预算和分配资金以及对体育部门人员的招聘。

（2）大学校际体育管理

美国的体育管理机构中，大学生体育联合会（NCAA）不管是会员数量、规模，还是职能都是非常突出的，具有大而全的特点，在国内的影响力很大。NCAA不是政府性质的组织机构，而是社会团体，且是非营利性的。它在对大学体育赛事运行的管理与控制中所采取的手段是宏观约束手段，而不是直接或间接的行政干预手段。

NCAA的具体工作由执行委员会负责。执行委员会下设三级协会，每级又分三个层次的结构，各级协会和各层次结构对自己级别内和层次内的事务与工作进行管理。这一组织结构内部还设有分会来管理规则、纪律等各项事宜。总体来说，这一组织管理结构的特点是范围广、分工细、职责清晰，集权与分权相结合，既有统一性，又有灵活性。

健全的学校体育组织管理结构促进了美国中学与高校体育的稳定发展。在美国中小学和大学中，篮球是普遍开展的项目，在健全组织管理结构下学校篮球运动得到了有序发展，学校为国家培养了众多优秀篮球运动员。

2. 激励机制

体育联盟、体育协会以及大学学院是激励的责任主体和管理主体。学校和篮球后备人才都是激励对象。因为校际体育组织机构是社会团体，不具有政府属性，所以政府一般不采取实际性的激励政策，而只是进行宏观层面的调控与管理。采取激励政策主要是为了在不同形式的篮球赛事中取得理想的成绩和名次，并提高学校篮球运动水平和后备人才培养质量。作为学校教育的重要组成部分，体育如果在科研或学术领域取得了好的成果，也可将此作为奖励标准。

在市场经济背景下，NCAA采取给予入会资格、授予会员特权等方式来对学校进行激励，学校主要采取礼品、资助、奖学金等物质手段来激励学生运动员，直接发放相应价值的金额。美国在这方面制定了科学全面的激励标准，联盟、协会严格监督激励政策的落实情况，并在实践中不断修正激励标准，完善激励机制。

3. 控制机制

为保证学校体育项目的开展和比赛的公平、公正，使校际体育竞赛成为教育的一部分，为实现教育目标服务，高中体育联盟和NCAA建立了高质量、高效率的控制机制。

中学和大学体育联盟主要采用以下两种控制方式。

（1）组织控制

美国中学体育联盟和NCAA分别围绕各自的目标构建了严密的管理组织和结构。对结构和组织中的职位头衔、角色分配、任务分配、职能、权限、关系等予以清晰界定，以实现有效控制。

第四章　校园篮球后备人才培养理论与路径探索

（2）制度控制

中学和大学联盟、协会制定了全面、细致的法规条例来严格控制成员组织和学生运动员的行为，使之符合联盟要求和学校教育的要求。针对成员学校或学院和学生的各个方面都制定了详细的规章制度。

从控制过程看，学生体育联盟借助完善的法规条例，以法律的方式对成员组织和学生运动员的行为进行规范控制，各级管理机构严格按规章制度办事，并在每一级别设立了监督机构，监控成员组织和学生运动员的行为。

4.保障机制

保障的责任主体和管理主体包括联盟、学区、学校。中学体育联盟和NCAA对其成员组织采取了以下保障手段。

（1）制定规范的项目发展计划、经费预算、法规条例，保证成员组织在联盟中的相应权利和对成员组织内的管理权力。

（2）提供合理的赛制以及竞赛办法，保证各成员学校或学院公平、公正地参加学区、小联盟及全国篮球锦标赛等。

（3）提供项目发展和竞赛以必要的经济资助。NCAA对其成员组织提供援助基金、追加补助经费和信贷经费、体育竞赛赞助经费、特别补助基金、学术促进基金，以此来保证和推动篮球运动的开展。对学生运动员的保障则更为细致，包括生活、学习、训练、竞赛各个方面。最为重要的保障手段就是提供优厚的奖学金、学校经费资助和其他途径资助，解决学生运动员的经济负担。另外，联盟规定由学校为学生运动员提供伤病医疗费用和保险；为因比赛或训练耽误学习的学生运动员制定专门的制度以保障其学习达到要求。

（二）澳大利亚

澳大利亚篮球后备人才的培养机制表现在以下几方面。

1.动力机制

从动力机制看，在社区俱乐部从事篮球训练的青少年，其主要动力来自兴趣爱好，来自锻炼身体和身心体验的需要。而在州单项篮球运动协会或州立体校接受训练的青少年，有成为优秀运动员的强烈愿望，其自我实现的需要（进入国家队或高水平职业俱乐部、为国争光或成为职业选手）成为主要动力源泉。

对于培养组织来讲，社区俱乐部作为基层培养组织，主要动力来自生存与发展的需要。因为社区俱乐部都是个人创办的，通过培养、输送优秀人才来维持俱乐部发展是最现实的动力；中层培养组织和高层培养组织因为是国家管理、市场运作，对优秀篮球人才的培养与输送不仅是国家的利益需要，也是协会与俱乐部发展的需要，动力的发生主体主要是国家，而动力的利用主体还包括协会与俱乐部。

2. 整合机制

从整合机制看，社区俱乐部作为基层篮球后备人才培养组织主要是在市场机制下运作的，在基层组织中接受篮球训练的青少年对篮球运动有强烈的兴趣。对于政府在篮球后备人才培养方面所制定的目标，基层组织的认同是自觉且自由的，不会强制其认同。国家宏观管理中层竞技篮球后备人才培养组织，围绕竞技篮球发展目标、人才培养目标对组织管理机构进行设置、对规章制度加以制定，在市场机制下对组织利益进行协调与整合。

3. 激励机制

基层培养组织在市场机制下按照市场规律运作，政府不干预，运动员完全自费参加基层训练。

中层培养组织中接受训练的运动员参与比赛形式的选拔后，一些优秀选手会得到政府部门发放的奖学金或其他资助，以激励其训练，鼓励其不断提高自己。

优秀运动员在训练上会获得政府资助，但是上学完全靠自费，运动员的层层选拔与培养都要参与相应考试。

4. 控制机制

澳大利亚的运动员选拔制度具有客观性、公开性、透明性等特征，对于选拔过程中的违规行为给予了严格控制与打击，保证优秀后备力量可以顺利进入高级别的运动队且获得政府的物质激励或奖励。在市场经济背景下，澳大利亚完全按照市场化模式培养篮球后备人才，政府主要发挥宏观调控职能，不会进行干扰，因此篮球后备人才培养的组织机构以及培养对象自觉规范自身的行为，自律意识极强。

5. 保障机制

澳大利亚在竞技篮球后备人才培养方面涉及的体育设施建设主要由国家和地方政府负责。企业或个人赞助以及后备人才自费是人才培养经费的主要来源。基层和中层组织中的运动员自费参加训练，国家出资赞助的是国家队的运动员或竞技水平高的优秀运动员，这些运动员的学习与训练费用主要由政府负责。澳大利亚青少年运动员因长期训练而落下的文化课程会由专人帮助补习。除了文化学习与训练外，人才培养组织机构还会培训青少年的其他技能，并鼓励和帮助青少年运动员进入高校接受高等教育。

二、国外篮球后备人才培养对我国的启示

国家经济发展模式是根据国情选择的，而国家竞技体育后备人才培养机制的选择，主要受到该国经济模式的决定性影响。在市场经济环境下，美国、澳大利亚构建了适合本国国情和经济模式的篮球后备人才培养模式，在各自模式的良性运行中培养了大量优秀的篮球后备人才，为国家输送了很多优秀篮球运动员。我国正在不断深化改革市场经济体制，在这一背景下探索符合社会主义初级阶段的中国特色社会主义篮球后备人才培养策略具有重要意义。国外篮球后备人才培养的成功经验，给我国带来的借鉴与启示作用具体表现在以下几方面。

（一）确立正确的人才培养目标

在篮球教育目标结构内确立篮球后备人才培养目标，在人文关怀理念下确立培养目标。美国、澳大利亚在校的青少年学生接受训练，对青少年学生的培养具有业余性，将训练置于教育系统中，在不摆脱教育环境的条件下进行训练，对学生文化课学习的管理也不松懈，对学训关系处理妥当，促进学生全面发展。美国中学与高校开展竞技篮球训练，没有提出向上级组织输送篮球人才的培养目标，进行篮球训练主要还是为了让学生有更好的运动体

验，是为教育目标服务的。但随着篮球运动商业化、职业化发展水平的提高，美国的竞技篮球后备人才培养机制本身存在的矛盾越来越明显，原因有很多，如美国个性自由、释放自我的文化追求和高度商业化发展形势对其产生了影响，体育培养目标和教育培养目标的差异产生了影响，等等。其中目标差异是最本质的原因。

（二）尊重人才的主体性，围绕主体需要完善动力机制

青少年喜欢篮球运动，对这项运动有较高的兴趣，这是其参与篮球训练的主要动力。各级人才培养组织的动力既有满足自身发展的需要，也有国家利益的驱动。但动力主体始终都是个体或组织本身，而且他们既是动力得以产生的主体，也是利用动力、在动力驱使下开展训练工作或接受训练的主体。因此我国也要充分尊重青少年篮球后备人才的主体性，培养其对篮球运动的兴趣，围绕篮球后备人才来激发动力，提供动力。

（三）注重物质激励，完善激励机制

在篮球后备人才培养中，物质激励是非常行之有效的激励手段。美国通过提供社会资助和发放奖学金来激励获得优异运动成绩的运动员，篮球特长生获得这些资金或资助能够解决学费问题。学分奖励这种激励方式在美国是不存在的，美国围绕人才培养目标来选择激励手段，保证激励方向符合人才培养目标，这对我国有非常重要的借鉴意义。

（四）培养组织充分发挥控制作用，实行严格控制

在篮球后备人才培养中，培养组织和培养对象都要通过自律来规范自己的行为，同时人才培养组织也要发挥自己的控制职能，对运动员的行为进行规范与控制。制定法律制度是控制的重要保障，因此我们要制定人才选拔制度、竞赛制度、学训制度等相关制度，控制运动员的学习与训练行为，使其在严密控制中养成良好的学习与训练习惯，成为优秀的全面发展型体育

第四章 校园篮球后备人才培养理论与路径探索

人才。

（五）完善人才培养的保障机制，重视物质保障

为篮球后备人才提供保障要体现公平、公正，并以物质保障为主，高水平运动员是主要保障对象。人才培养中所需的基础设施建设主要由国家负责，培养过程中涉及的经费、保险由政府、社会及个体共同承担。人才培养组织机构在市场化运作中吸收市场闲散资金来解决人才培养的经费问题，为人才培养工作的顺利开展提供基础保障。

第五章 校园篮球队建设与科学训练

建设校园篮球队是培养篮球后备人才的重要路径之一。学校从办学实际出发组建篮球队伍，加强球队训练，优化训练条件与环境，提高管理水平，对整体提升球队质量具有重要意义。在校园篮球发展规划中，应将篮球队建设纳入其中，注重运动队的组建与管理，提高篮球后备人才培养效果。本章主要对校园篮球队建设与科学训练展开研究，内容主要包括校园篮球队的建设与发展、训练理念与方法、训练模式与计划、训练条件与环境优化以及训练管理。

第一节　校园篮球队的建设与发展

一、校园篮球队建设内容

（一）选拔队员

校园篮球队的建设从选材开始，要科学选材，为后期训练打好基础。篮球队员的具体选拔步骤如下。

1. 初选

初选应该从下面两个方面进行。

（1）身体素质

身体素质主要测试学生的身高、臂展、力量、柔韧性和灵敏性等。篮球比赛需要激烈的身体对抗，运动员的身体素质对训练和比赛有很大影响。身体素质好的青少年更容易完成一些高难度动作。

（2）心理素质

运动员具备良好的心理素质才能在比赛中稳定发挥，合理运用各种技战术。因此在选材环节也要考查学生的心理素质。

2. 试训筛选

合理安排试训期，重点观察初选学生，观察内容主要放在训练态度是否积极向上、是否具备良好的技术运用能力、能否正确理解教练员的意图等方面。只有筛选合格的队员才能正式录用，接着进行系统训练，而对筛选不合格的队员要做好思想工作。

（二）选拔教练员

教练员是一个队伍的指挥官，是队伍出成绩的关键。高水平的教练员可以保证篮球队的训练质量和运动成绩。合格的篮球教练员应能够熟练掌

第五章　校园篮球队建设与科学训练

握运动训练学、运动生物学等相关学科知识；能在训练中根据观察和分析总结运动员的特点、优势和不足，并能从实际出发制订集体与个性化训练计划。优秀的篮球教练员还应该具备组织管理能力强、临场指挥能力强等特质。

（三）选拔队长，制定规章制度

篮球队伍组建完成后，接下来要选拔球队的队长，一名优秀的队长应该和队员一起努力，带领大家一起训练、一起进步，还要在生活和学习上帮助、督促队员。队长往往由教练员选拔，教练员要公平公正地选拔队长，要注重被选者的综合素质。选出队长后，教练组应制定规章制度来管理球队和约束队员，使队员听从集体指挥，完成训练任务。

（四）篮球队训练

篮球队的主要任务是训练和比赛，训练是比赛的前提，是篮球后备人才培养的关键，因此要高度重视校园篮球队的系统训练。在篮球队训练中，首先要制订科学、合理、可行的训练计划，确保训练有条不紊地进行。学生的身体素质和技战术水平等是教练员制订训练计划的重要依据，教练员要从实际出发提出训练目标，制订训练计划，通过有序实施训练计划而顺利完成训练任务和达成训练目标。

学训矛盾是校园篮球队训练的主要矛盾之一，为缓解这一矛盾，应尽可能将训练时间安排在早操、课间操和其他课外活动期间，尽可能不影响学生的文化课学习，并与学校的其他相关活动时间错开，根据实际情况灵活调整训练计划与时间。

在篮球队训练中，既要搞好身体素质训练，又要狠抓基本技术训练和战术训练。此外，学生的运动心理训练也是不可缺少的，要与其他训练结合起来进行。

二、推动校园篮球运动队发展的建议

（一）依据办学目标进行运动队建设

第一，在立足本位的基础上进行运动队建设，突出办学特色，为实现育人目标服务。

第二，学习高校高水平运动队建设的成功经验，提高建设效率和水平。

第三，树立先进的建设理念，结合现状，并学习国外先进经验而构建科学有效的运动队建设模式。

（二）做好运动队建设的基础保障工作

校园篮球队建设与训练是一项艰巨的工程，这项工程系统而复杂，涉及办队与训练经费的筹措、运动场地设施的建设、训练人力指导的提供等多方面基础工作，做好这些基础工作，能够为校园篮球运动队的顺利建设与发展提供良好保障。

第一，针对当前学校办队经费来源单一的问题，应在现有经费来源结构的基础上拓展经费筹措渠道，争取社会的赞助与支持，并将有限的经费充分利用起来，发挥其最大价值。

第二，对运动队的价值加以挖掘，将其社会影响力有效利用起来，从而将社会闲散资金纳入学校办队与运动训练的经费运作机制中，解决经费不足的问题。

第三，重视运动场地、器材、设备等基础设施的建设，扩充设施数量，提升设施质量，并加强设施管理，按照物尽其用的原则最大限度地发挥现有设施资源的价值。

（三）提高教练员队伍的综合素养

校园篮球运动队的建设水平与成果、训练水平与成绩直接受到教练员综合素质的影响。当前，我国一些学校缺乏优秀的教练员，在篮球队建设与训练中担任重要角色的教练员缺乏较高的综合素养，因而对篮球队建设与训练的有效开展造成了严重制约。为了推进篮球运动队的高效建设，提高运动队训练水平和成绩，必须重视对教练员队伍的培养，提升专业队伍的综合素质。

第一，在校园篮球队建设中吸引优秀教练员参与其中，发挥优秀教练员的专业优势，提高建设水平。参与运动队建设的教练员既要有较高的专业水平，又要有丰富的教学训练经验。

第二，加强对教练员的培训，首先从思想培训和理论培训着手，提高教练员的思想水平，完善知识结构，提升理论素养，促进教练员带队理念的优化、训练思维的创新，使教练员在先进训练理念下探索科学先进的训练方法。

第三，重视对教练员的能力训练，通过专业培训而提升教练员的训练能力、组织管理能力、创新能力以及带队参赛能力。教练员实践能力的提升能够对校园篮球队建设与发展起到重要的推动作用。

第二节 校园篮球队训练理念与方法

一、校园篮球队训练理念

（一）团队性训练理念

篮球作为一项集体对抗性运动，个人技术能力是基础，团队的配合和协作是灵魂。因此，在校园篮球队日常训练中，教练员要从一开始就培养运动员的团队合作意识，使运动员在充分发挥个人优势的基础上，与队友精诚合作。在篮球比赛中无论是进攻还是防守，无不体现着团队合作的重要性。每一次的快速进攻，或者顽强防守，都离不开场上队员之间的默契配合，可以说，一场比赛的胜利是属于团队协作的成果。因此，在篮球队训练中，应该树立团队性训练理念，强化运动员的团队合作意识和集体主义精神。

（二）时空性训练理念

随着现代篮球运动的不断发展，篮球训练越来越精细化，强调对运动员时空感的培养，即在技术训练时，要有意识地从时间和空间的角度观察、感觉并做出决策，这样能使运动员在瞬息万变的篮球比赛中快速准确地完成各种技术动作。对时间的感觉训练，可以通过精细的计时来培养运动员对时间的把握能力。比如大到每个训练模块的时间安排，小到每次练习的完成时间，都做准确计时安排，以培养运动员对时间的控制和支配能力。

（三）整体性训练理念

篮球训练以提高运动员的篮球技能水平为主要目标，但同时要具有整体意识，兼顾体能、心理、智力等竞技能力的训练。除了要全方位培养每个运动员的篮球竞技能力，还要将个人训练与团队训练、个人战术与集体配合战术训练结合起来，整体提升篮球队的实力。

二、校园篮球队训练方法

（一）重复训练法

重复训练法是指重复同一个练习且安排相对较充分间歇时间的训练方法。通过多次重复某一练习，一方面可以增加训练强度，达到理想的负荷；另一方面可以巩固对单一动作掌握的熟练程度。

采用重复训练法时，要求在高强度状态下完成训练任务，要高质量、高标准地完成每次练习。一般来说，重复训练法具有间歇时间相对充足的特

第五章　校园篮球队建设与科学训练

点，为了保证磷酸原供能系统的再合成，间歇时间一般为3～5分钟。如果在篮球某一训练中，间歇时间过短，有可能发生供能系统转移的情况，不利于训练的顺利进行。

（二）变换训练法

要想提高篮球训练的质量和效果，就需要在训练时对训练内容、训练形式以及训练负荷等进行变换调整，在调整之后继续训练的方法即为变换训练法。通过变换各种训练法能取得不错的训练效果。

例如，通过变换与调整训练形式，能够激发运动员的训练兴趣，促进良好训练效应的产生。通过变换与调整训练内容，能够促进运动员身体素质的全面发展和综合技能的提升。通过改变训练负荷，能够使机体适应不同负荷刺激，促进机体组织系统功能的改善。

为了提高变换训练法的适用性，需要根据训练目的而灵活改变训练因素，除了改变训练形式、训练内容和训练负荷外，还能改变训练时间，如果遇到训练时间与突然的训练任务发生时间冲突时，需要灵活调整训练时间。这一训练法适用于多数项目的训练，包括篮球。

变换训练法对吸引青少年篮球运动员积极参与训练具有重要的意义和作用。如果在篮球运动训练中不断重复单一的训练内容，采用少数几种训练形式与方法，那么运动员就很容易厌烦和放弃，这对其发展不利，而如果可以对训练形式、训练内容、训练方法，或者训练器材、时间等进行适度变换与灵活调整，就能有效激发运动员参与各项训练的兴趣，从而提高训练水平和效果。

变换训练方法的应用需要注意以下几个部分。

1. 准备阶段

这一阶段合理安排训练量和训练强度，也就是运动负荷，以达到热身的目的，为正式训练做好身心准备。

2. 主体部分

在篮球运动训练的主体部分，变换运动负荷，负荷比准备阶段大，以达到良好的训练目的。

3.整理部分

在篮球训练的收尾部分，再次调整训练负荷，较主体训练阶段的负荷小一些，通过负荷较小的整理放松活动，缓解身体疲劳，有助于促进体能恢复。

（三）间歇训练法

间歇训练法是指在训练过程中严格规定次与次、组与组之间的间歇时间，要求机体在不完全恢复状态下反复训练，有助于提高机体抗乳酸能力和持续运动的能力。

间歇训练法最显著的特点是严格限制间歇时间，使机体在不完全恢复状态下再次进入运动状态，使机体代谢产生明显变化。所以说间歇训练法在各种训练方法中总负荷相对较大。在校园篮球队训练中，一定要依据运动员的具体情况，合理地安排运动负荷和间歇时间，确保机体的有效恢复，这有利于下一步训练。

（四）意识训练法

将心理意识训练及战术意识训练结合起来的训练方法就是意识训练法。在篮球训练中，教练员应引导运动员对以前所学的篮球知识进行回忆、联想，使运动员将理论、实践有机结合起来，对那些技术动作的含义能够真正理解，做到融会贯通、举一反三。心理意识训练对于运动员自身的练习和教练员的执教都有重要的意义，可达到双赢的效果。意识训练法还能够对运动员的竞争意识和合作意识进行培养，使运动员在训练中始终保持积极向上的精神状态，实现身心和技能的和谐发展。

（五）游戏训练法

游戏训练法趣味性高、实用性强，能够将传统篮球训练的束缚打破，将运动员对篮球训练课的兴趣和练习热情充分激发出来。篮球教练员在实施游戏训练法前，一定要将准备工作做好，设计丰富的游戏方式，并向运动员准确讲解游戏方法与规则，在游戏过程中，教练员要加强引导，以免意外情况发生。一般来说，教练员设计或引用的游戏方法应具有较强的对抗性、竞争性和趣味性。

（六）综合训练法

在篮球训练中，根据训练目标、任务和需要，把上述各种训练方法组合起来设计训练方案并实施该方案的方法就是综合训练法。

综合训练方法能全面提高篮球运动员的身体素质，增强其篮球技能和比赛能力，且不易过早出现疲劳。需要注意的是，并非采用的训练方法越多，训练效果就越好，而要根据训练任务、训练目的、训练内容、训练环境与条件及训练对象的自身条件选择几种训练方法来组合搭配，充分利用不同方法的优势来实现最佳训练效果。

第三节　校园篮球队训练模式与计划

一、校园篮球队训练模式

（一）互动模式

1. 构建互动模式的意义

青少年篮球后备人才正处于运动员职业生涯的起步阶段，同时也是为将来发展成为优秀篮球运动员打基础的关键阶段。现阶段，很多青少年篮球后备人才对篮球训练的理解不够系统、全面和深入，篮球认知还不够成熟，这也在一定程度上制约了他们在篮球训练中的表现。依据优势理论，青少年有表达自己特长与优势的心理需要，有被别人肯定与赞扬的期望，面对自己喜欢的东西自愿投入时间与精力。处于青少年时期的篮球后备人才在篮球训练中同样有这些心理需求和心理特征，如果不能满足他们的内心需要，他们就不会投入百分之百的热情与精力来参与篮球运动训练。但青少年篮球后备人才的训练在内容上基本稳定、统一，所以应该主要通过转变训练模式来激发青少年的积极主动性，鉴于此，构建互动模式并将其运用到校园篮球队训练中具有重要意义，具体表现在以下几个方面。

（1）改变单向训练模式

教练员按计划开展训练工作，指导运动员训练，运动员听教练员口令来练习，完成教练员布置的训练任务，这便是传统的篮球训练模式。这个传统模式有一个明显的问题，即占主导地位的教练员发号施令，运动员被动练习，二者之间缺乏互动，以教练员的单向输出为主，这是运动员缺乏训练热情的一个重要原因。例如，在篮球运动员弹跳技能的训练中，教练员规定不同方式的跳起摸高练习的次数和组数，运动员按口令练习，在这个过程中教练员很少会分析运动员在这方面的优势、分析不同组的队员有哪些差异，而且很少主动与队员互动，很少听队员在训练中的感受和建议，这种没有反馈的训练很难使运动员取得持续性的进步。这就有必要构建互动训练模式，弥补单项训练的弊端和不足，使队员之间、队员与教练之间进行多层面的互动与交流，使队员充分展示自己的优势与特长，提高他们训练的主动性与积极性，进而提高训练效果。

（2）使专项训练融会贯通

在传统篮球训练中，体能、技战术的训练基本都是独立开展，没有形成统一体，各项训练内容之间缺乏有机联系，不利于为最终的比赛配合打好基础和服务。对此，教练员要主动打破这种独立训练的传统模式，增加各项训练之间的联系和融合，在一个大的训练系统中灵活安排各项训练，提高队员的综合技能和整个团队的整体能力。各项训练最终都要服务于比赛，所以模拟比赛也有助于强化各项训练之间的联系，还能使运动员发现自己的不足，及时弥补与完善，提高篮球综合竞技能力。

第五章 校园篮球队建设与科学训练

（3）促进队员相互学习

每个青少年篮球运动员的体能情况、运动基础、专项技战术能力都有自己的特点，也都有自己的特长和不足之处，而篮球是集体项目，整个团队的能力决定比赛结果，所以要在训练中以提高每个队员和整个团队的竞技能力为目的，加强队员之间的互动与沟通，实现优势互补，取长补短，建设一支整体水平高、综合素质强的校园篮球队。互动训练对篮球运动员来说是和队员与教练员交流、向其学习的好机会，互动训练给后备人才带来的好处是潜移默化的。有的篮球运动员体能强，而且技战术运用也很熟练，有的相对落后，可能与起步早晚有关，在体能和专项技战术上没有表现出突出的地方，但是有天赋，有可塑性，有继续培养的必要，不同水平的篮球运动员相互交流、切磋，学习队友的技巧和经验，弥补自己的不足，共同进步，共同为提高整个团队的竞技能力而努力，共同为本队在比赛中取得胜利而服务，在为团队争取荣誉的同时实现自我提升。

2. 构建互动模式的方法

在校园篮球队训练中构建实用有效的互动模式，可采取以下几项措施。

（1）科学安排各训练内容的比例，成立互动小组，赛练结合

在篮球训练中构建互动模式，尽量不要破坏原计划中的训练内容，模式化改革应该体现在对各项训练内容的安排上，要灵活变化，提高各项训练的效果。从青少年的身心特征出发，可以将篮球互动训练模式初步设定为基础训练+实战，这样，队员之间就有更多机会来互动和交流了。安排基础训练这方面的内容时，应合理划分各部分的比例，避免训练内容过于单一，体能、技术、战术、心理、智能的训练比例要适宜。

模拟实战要结合每次训练课的训练内容进行设计，争取使篮球运动员在本节课上及之前训练课中所掌握的篮球技能在实战中实现融会贯通，提高其对篮球技战术运用的熟练度。教练员也可以从不同球员的优势和不足出发，合理划分训练小组，每组成员可以优势互补，互通有无，通过互动学习实现共同进步与提高。不同小组之间也可以密切互动，相互学习，但更多的是在实战中看到对方的长处，并主动学习讨教，小组之间既可以是合作学习关系，也可以是竞争对抗关系，把握好这两种关系，灵活安排训练，可有效培养篮球运动员的专项技能和实战能力。

在每次训练课即将结束前，教练员鼓励每位受训者谈谈自己在本次课上的收获和心得，主动与他人分享自己的技巧与经验，并认识到自己的不足，主动向队友或教练员请教，也可以以小组的形式相互讨论和交流心得，通过这种互动模式使青少年球员对自己的训练目标和努力方向更加明确，激发其斗志与进取心。

（2）以案例促进互动

校园篮球队的训练主要是以身体素质训练和技战术训练为主，运动练习贯穿于整个训练活动中，长期进行运动练习会影响青少年对运动训练的持续兴趣与积极性，因此教练员要适当地将生动精彩的案例引进训练中，使青少年的注意力更持久，而且篮球专项训练中引入案例有助于提高训练效果。教练员要通过引进案例来对篮球基础训练与专项训练的意义及重要性进行详细诠释，使青少年深刻认识基础训练与专项训练的内容，掌握适合自己的训练方法。

教练员引进案例要掌握一定的技巧，要根据训练内容在恰当的时机引进相应的生动案例。例如，在篮球力量训练中，教练员要掌握肌肉收缩规律，在科学原理下指导青少年训练，促进其肌肉收缩能力的增强，使其尽可能地动员更多的肌肉组织参与训练；培养青少年的篮球意识比较困难，要在变幻莫测的对抗环境下培养其进攻和防守意识，对青少年球员的反应能力、观察力、灵敏性、集体意识都有较高的要求。对于这些难度较大的训练内容，可将精彩生动的比赛案例引进训练中，选取相关片段，组织球员观看案例视频，并分组讨论，与队友互动交流，使他们学习优秀运动员的经验和精神，坚定只要刻苦训练就能不断进步的信心。

（3）组织丰富有趣的互动性活动

在校园篮球基础训练中，要遵循多元化训练原则，为促进教练员与运动员之间的互动及运动员和运动员之间的互动开辟多元化渠道，使青少年球员抓住互动机会，向教练员和队友学习经验和技巧。

组织具有互动性的活动有助于在青少年篮球训练中构建互动模式。例如，可以将拓展训练引进校园篮球训练中，通过这类活动对青少年战胜自我的信心和团队协作能力进行培养，将青少年个人及整个团队的潜力激发出来。也可以加入一些有趣的心理训练方式，培养青少年球员的良好心理素质。

第五章　校园篮球队建设与科学训练

此外，国内外青少年篮球友谊赛、对抗赛等实战对抗形式有助于促进国内外篮球文化的互动，能够使青少年学习丰富的经验，弥补自己的不足，提升自己的专业水平。

（二）体教融合模式

体教融合是当前我国体育乃至世界体育的一个重要发展方向。我国在培养竞技体育人才方面非常重视对体教融合模式的构建与运用，为了真正落实体教融合理念，国家出台相关政策、建立相应制度，有序推进各项工作，保障体教融合工作的顺利开展，促进体育资源与教育资源形成合力，培养全面发展的体育人才，这有助于推进我国体育事业的可持续发展。在校园篮球队训练中构建体教融合模式，应在体育系统与教育系统同步推进青少年篮球运动员培养工作，并将两个系统充分结合起来，提高人才培养质量。

（三）小型比赛模式

小型比赛最显著的特点就是参赛人数少，双方正面交锋多，对团队配合和两队对抗要求高，队员有很多机会可以接触到球，而且具有娱乐性，也不失专业性。和专业篮球赛事相比，小型篮球比赛的组织形式、比赛内容以及最终效果是没有什么区别的，但小型比赛生动有趣，兼具娱乐性和专业性，所以对青春期的青少年篮球运动员而言更适合参与这类比赛。

在校园篮球队训练中建立小型比赛训练模式具有重要意义，具体表现在以下三个方面。

首先，在篮球实战对抗中获得真实的反馈信息，检验训练计划的科学性，从而进一步调整和完善篮球技战术训练计划。

其次，球队成员在小型比赛中接触球的机会是比较多的，这可以使球员对自身篮球技战术的掌握及运用能力有更好的了解，从而对自己接下来的训练重点有所明确。

最后，球队成员在比赛中可以对自己的角色、职责有更清晰的认识，从而秉着高度负责和为团队荣誉而战的信念完成自己的任务，和团队成员默契配合，使每个集体战术都发挥出良好的功能。

总之，在校园篮球训练中开展小型比赛活动，在赛练结合模式中加入正式比赛的元素，能够发现青少年在实战中表现出的优势和不足，从而进行具有针对性的指导和训练，有效提高校园篮球队训练水平。

二、校园篮球队训练计划

（一）篮球训练计划的制订原则

1. 现实性原则

制订篮球训练计划要先科学诊断球队成员的训练状态，要立足这一现实基础来制订计划，本着解决训练问题，提高球队运动水平的现实目标去制订。球队的现实情况是制订计划、明确训练目标的基础，只有先了解现实和基础，才能将训练方向和计划确定下来。

2. 层次性原则

制订篮球训练计划，要从多年训练的宏观计划开始，再到全年和阶段的中观训练计划，最后落实到周和课的微观训练计划，这三个层次相互联系，衔接密切，在计划制订中要层层推进，要对各层次训练计划的关系予以考虑，要从纵向和横向上充分把握各个训练环节的训练要素，如训练内容、训练方法、负荷安排等，促进各层次训练的有序衔接和充分互补，以最大限度地提高训练实效。

3. 适宜性原则

适宜性原则指的是制订篮球训练计划时，训练目标要适宜，不能过低或过高，不能与现状不符，不能不与专项结合。脱离现实和不适应专项需要的过高或过低训练目标都是不适宜的。因此，教练员必须建立在对篮球专项特征、球队实际水平、学校训练条件、未来参赛计划等多方面因素加以考虑的基础上，来预测和确定训练目标。训练目标的达成度是判断训练计划好坏的一个关键指标，因此在这方面要有高度的预见性，确保训练目标适宜，然后

第五章　校园篮球队建设与科学训练

在适宜目标下对训练内容与方法予以安排和控制，保证最后能够顺利完成已制定的适宜训练目标。

4. 方向性原则

制订篮球训练计划，要将计划中的各项要素明确下来，包括训练目标、训练任务、训练内容、训练方式、运动负荷等，其中训练目标为后面要素的确定提供了方向，训练目标外的其他要素设计要符合训练目标，不能与之相偏离，如此才能使训练计划顺利落实，才能充分发挥训练计划的作用，按计划培养与提高球队的竞技能力与综合素质。

（二）不同类型篮球训练计划的制订

1. 多年训练计划

多年训练计划是对运动员多年训练过程的总体规划。对于运动员两年以上的训练过程的设想和安排，都属于多年训练计划，其时间跨度有时可长达十几年。

多年训练计划包括全程性多年训练计划和区间性多年训练计划。

（1）全程性多年训练计划

对运动员从开始接受基础训练，达到个人运动竞技水平的高峰，到停止参加竞技训练活动的整个训练过程的设计与规划，就是运动员的全程性多年训练计划。全程性多年训练通常包括基础训练阶段、专项提高阶段、最佳竞技阶段以及竞技保持阶段。各个阶段有着不同的训练任务和训练内容，并对运动负荷安排提出不同的要求，见表5-1。校园篮球训练中制订全程性多年训练计划可参考此表，在训练的重点内容与顺序中，因为篮球属于技能主导类项目，所以主要参考技能主导类项目训练的内容与顺序安排。

表5-1 全程性多年训练的阶段划分[①]

阶段	主要任务	年限	训练的重点内容及顺序 体能主导类项目	训练的重点内容及顺序 技能主导类项目	负荷特点
基础训练阶段	发展一般运动能力	3~5年	1.协调能力，基本运动能力 2.多项基本技术 3.一般心理品质 4.基本运动素质		循序渐进、留有余地
专项提高阶段	提高专项竞技能力	4~6年	1.专项运动素质 2.专项技、战术 3.专项心理品质 4.训练理论知识	1.专项技、战术 2.专项运动素质 3.专项心理品质 4.训练理论知识	逐年增加、逼近极限
最佳竞技阶段	创造专项优异成绩	4~8年			在高水平区间起伏
竞技保持阶段	努力保持专项竞技水平	2~5年	1.心理稳定性 2.专项运动素质 3.专项技、战术 4.训练理论知识	1.心理稳定性 2.专项技、战术 3.专项运动素质 4.训练理论知识	保持强度、明显减量

在全程性多年训练计划中，最佳竞技阶段是最重要的核心阶段，在这一阶段中，运动员所表现出来的竞技水平高低，可以看作对运动员多年训练成果的主要评价；基础训练阶段和专项提高阶段的整个安排和要求，都服从于最佳竞技阶段训练任务的完成；而竞技保持阶段则可视为最佳竞技阶段尽可能长的延续。

（2）区间性多年训练计划

多年训练全过程中的每一个特定时间区域都构成一个区间。对两年以上的一个特定时间训练过程的设计，就称作"区间性多年训练计划"。全程性多年训练计划通常只是一个框架式的规划，区间性训练计划相对而言较为深

[①] 田麦久.运动训练学[M].北京：人民体育出版社，2000.

第五章　校园篮球队建设与科学训练

入和具体。对校园篮球区间性多年训练计划的制订，必须服从于全程性多年训练计划的总体要求，同时要注意到各个阶段之间的有机衔接。

基础训练阶段的区间性多年训练计划：基础训练阶段的训练任务是发展协调能力及基本运动技能，学习和掌握篮球基本技术，培养一般心理品质，并相应地发展基本运动素质。需要注意的是，在基础训练阶段发展协调能力的同时要适当安排运动素质的训练。随着年龄的增长，应逐渐增加素质训练的比重。为参加基础训练的少年儿童安排训练负荷时，要严格遵循循序渐进的原则，逐步增加负荷，提升少年儿童的生物适应能力，逐步提高其竞技能力。

专项提高阶段和最佳竞技阶段的区间性多年训练计划：运动员在专项提高阶段和最佳竞技阶段中训练任务的内容及其序列都是相同的。首先，努力发展决定专项竞技能力的主导因素，或是体能，或是技能。篮球属于技能主导类项群，因此要先发展技战术水平，同时要增强运动素质。此外，还要加强训练理论的学习，以提高运动员训练的自觉性。在专项提高阶段的训练中，专项训练负荷较大，可以逐年提高或波浪式变化。进入最佳竞技阶段之后，要细致地安排负荷，负荷通常呈波浪形，有起有伏，有张有弛，保持明显的节奏，从而保证运动员能以充沛的精力和理想的竞技状态参加训练或比赛，取得理想的成绩。

竞技保持阶段的区间性多年训练计划：在这一阶段，要提升篮球运动员的心理稳定性，激励他们继续参加训练、比赛和力求创造优异成绩的进取动机，并安排相关素质训练和技术训练。同时还应该指导运动员学习运动训练理论。在这一阶段，训练负荷通常低于专项提高阶段和最佳竞技阶段。

2.全年训练计划

全年训练计划是篮球教练员和运动员组织训练过程的重要文件。篮球运动训练过程的阶段性特征，通过诸多大小周期循环往复表现出来。运动员竞技状态的形成、保持和消失三个阶段形成的一个完整训练过程称为"一个训练的大周期"。对训练大周期的确定和划分主要以运动员竞技状态发展过程的阶段性特征为依据。

全年训练计划主要包括单周期、双周期、多周期三种类型。全年训练按一个完整的大周期组织实施,称为"单周期安排"。全年训练按两个完整的大周期组织实施,称为"双周期安排",它包含两个准备时期,两个比赛时期和两个过渡时期。按3个以上大周期组织全年训练的过程,称为"多周期安排"。采用多周期训练安排时,要先确保运动员能在三四个月内有效地提高竞技能力,在比赛中把提高了的竞技能力转化为运动成绩。

不同类型计划的训练任务见表5-2。

表5-2 全年训练计划任务[①]

计划类型		时间跨度	基本任务
年度训练计划	单周期	6~12月	准备并参加1次(组)重要比赛
	双周期	每周期4~6个月	准备并参加2次(组)重要比赛
	多周期	各周期3~5个月	准备并参加3次(组)以上重要比赛

在全年训练计划中,应该设计好负荷量度变化的基本趋势,力求在重要竞技性比赛时,运动员机体处于能表现出最高强度的状态。全年训练负荷量度的确定与安排应与运动员机体状态的周期性变化相适应。此外,应重视负荷后的恢复,使运动疲劳及时得到消除,并出现超量恢复。

全年训练计划表的格式参考表5-3。

表5-3 全年训练计划表

运动队_____性别_____年龄_____训练年限_____主要任务_____

类别		运动员状态分析	训练的目标状态
运动成绩			

[①] 徐伟宏.篮球队伍管理与心理训练[M].北京:知识产权出版社,2013.

第五章 校园篮球队建设与科学训练

续表

类别		运动员状态分析		训练的目标状态
运动成绩				
	技术			
	战术			
	形态			
	心理			
	智能			
	课次			
时期		准备期	比赛期	过渡期
阶段				
比赛任务				
负荷变化趋势				
恢复措施				
检查评定时间、内容				

3. 周训练计划

周训练是组织训练活动极为重要的基本单位。周训练周期比较灵活，时间可在4～10天，或表示为7±3天。在训练实践中，可根据训练的需要组织小周期训练过程，并从不同的角度出发将训练小周期分为不同类型，如根据训练任务及内容的不同，可把周训练分为基本训练周、赛前训练周、比赛周以及恢复周，各类型的训练任务见表5-4。

表5-4　不同训练周期及主要任务[①]

周训练计划的类型	主要训练任务
基本训练周	通过特定程序和反复练习使运动员掌握和熟练篮球技、战术，以及通过负荷的改变引起新的生物适应现象，提高运动员的竞技能力
赛前训练周	使运动员的机体适应比赛的要求和条件，把各种竞技能力集中到篮球专项竞技中去
比赛周	为培养运动员理想的竞技状态进行直接的准备和最后的调整，运动员参加比赛，力求实现预期目标
恢复周	消除运动员生理和心理疲劳，促进超量恢复的出现，激发强烈的训练动机，准备投入新的训练

篮球周训练计划要求运动员完成主要任务的同时，考虑训练的系统性和各训练周之间的关系。要合理交替安排各训练周的训练内容及训练负荷，避免负荷过于集中而引起过度疲劳。一般采取表格形式记录周训练计划（表5-5）。

表5-5　周训练计划表

日期：_____年_____月_____日至_____年_____月_____日

训练阶段：_____　第_____周　训练周类型：_____

周训练任务				
星期	训练任务	训练内容及手段	训练负荷	恢复措施

---

① 田麦久.运动训练学[M].北京：人民体育出版社，2000.

第五章　校园篮球队建设与科学训练

4.训练课

训练课是运动训练活动最基本的组织形式，篮球运动员竞技能力的提高是一次次训练课的训练效益积累的结果，因此，训练课的质量直接关系到训练过程的进行及运动水平的提高。制订训练课的计划时，应包括训练课内容的选择与安排、课的组成结构、训练手段与方法的实施程序、训练负荷的大小及恢复手段等内容。

一般用表格形式列出训练课的内容（表5-6）。

表5-6　训练课计划表[①]

日期：_____年_____月_____日　　　地点：_____

训练任务：_____

课的结构	训练时间	训练内容与手段	训练的组织形式	训练负荷要求
准备部分				
基本部分				
结束部分				
小结：				

根据训练课的主要任务和内容，可以把训练课分为不同的类型。具体包括：

（1）身体训练课（或称"体能训练课"）：这类课中主要安排身体素质训练的内容，通过多种训练手段和方法，发展运动员的一般和专项运动素质，提高和保持体能水平。

（2）技战术训练课：这类课中主要进行篮球技术与战术的训练，以及各种为技、战术训练服务的辅助性练习。

（3）综合训练课：在这类课中，根据运动员发展竞技能力的需要，运用包含素质、技术、战术及心理等紧密结合实战需要的综合性训练方法与手段进行训练。

[①] 徐伟宏.篮球队伍管理与心理训练[M].北京：知识产权出版社，2013.

（4）测验、检查和比赛课：这类课的任务是对运动员的训练效果进行检查，或直接参加比赛。

第四节　校园篮球队训练条件与环境的优化

一、改善训练条件

（一）改革和完善篮球训练体制

校园篮球队训练是否科学、系统，训练效果是否良好，很大程度上是由训练体制这个因素所决定的。训练体制如果是完整而有效的，那么就有助于对篮球后备人才的挖掘与培养，有助于篮球队的发展。要提高校园篮球训练水平，就要高度重视对篮球训练体制的改革与完善，学校体育组织和部门要将自身作用充分发挥出来，对现有训练机制中不合理的结构问题进行改革，不断完善训练体制，进一步明确训练目标、更新训练理念、畅通训练信息渠道、加强训练后勤保障，为篮球训练的正常进行提供体制保障。

（二）改善训练物质条件

随着校园篮球训练科学化水平的不断提升，训练物质条件对提高训练效果起到的作用越来越明显。改善篮球场馆设施条件，更新训练器材对提升运动员的训练成绩具有重要意义。有条件的学校可以将虚拟现实技术运用于篮球训练中，使学生运动员和专业优秀运动员共同训练或进行实战对抗，在虚拟现实赛场中录入双方的训练或比赛数据，使运动员获得真实的比赛体验，更好地理解自己在比赛中的角色。

第五章 校园篮球队建设与科学训练

（三）提高教练员指导水平

校园篮球队的发展与教练员的训练指导水平直接相关，教练员自身的专业执训能力对球队训练成绩的影响是最为直接的，因此必须高度重视对优秀教练员的培养，加强对教练员的专业培训，提高教练员的专业指导水平和业务能力，通过职前培养、入职培训、在职进修三个方面来建设优秀的教练员队伍。

（四）提高运动员文化水平

篮球训练是身体活动和脑力劳动的有机结合，运动员参加训练和比赛既要做大量的身体活动，也要进行必要的思考，而且要运用掌握的知识去捕捉和理解在训练和比赛中教练员发出的每个"信号"，这就需要运动员具备一定的文化水平。如果青少年篮球运动员只是运动能力强，但缺乏良好的文化素养，那么不仅会影响训练和比赛，也会严重影响以后的出路。目前，我国在竞技体育人才培养中逐渐认识到了运动员文化教育的重要性，并提出文体并重、体教融合的培养模式，全面培养运动员的文化素质和运动素质。校园篮球队训练也不能忽视运动员文化素养的培养，而要注重提升运动员的文化水平，尽量不影响运动员的文化课学习进度，为运动员未来就业打好基础。

二、优化训练环境

校园篮球训练环境系统丰富而复杂，该环境系统既包括物质方面的构成因素，也包括社会心理方面的构成因素；既有静态的因素，也有动态的因素，而且室内外因素和有形、无形因素都有。下面主要对校园篮球训练的物质环境和社会心理环境这两大构成因素进行分析。

（一）物质环境

1. 时空环境

学校内部的时间因素和空间因素所构成的特定环境就是时空环境。学校的时空因素尽管具有人为性，但也免不了有很多因素对其造成影响。时空环境是开展篮球训练的基础条件，如训练时间、训练场地等，如果缺乏良好的时空环境，训练活动就无法顺利开展。训练时间的安排是否合理，直接影响最后的训练效果，同时也影响运动员的身心健康。教练员要根据训练规律、科学原理及学生身心发展特征而对课余训练时间进行合理安排，充分利用良好的时空环境因素提高训练效果。

2. 自然环境

学校的地理位置、地区气候条件、周围自然景观等都在一定程度上影响学生身心健康，但这些自然环境因素又是人们很难改变的。如果学校所在地区的自然环境存在严重的污染、嘈杂等问题，那么就会制约训练活动的顺利进行。而如果环境清净，气候宜人，干净整洁，就会给课余训练带来积极的影响。学校要因地制宜开展训练活动，在训练过程中将有利自然因素充分利用起来，并有意识地避免不良因素的干扰，同时也要对潜在的自然环境资源进行开发与利用，为篮球训练的顺利进行提供优美的自然环境。

3. 场馆设施环境

篮球馆、操场、篮球器械设备等都是场馆设施环境的重要构成因素。良好的物质条件能够为篮球训练活动的开展提供重要的基础保障，因此优化学校篮球场馆设施环境非常重要而且必要。在篮球场地设施建设中，必须清楚地认识到场地设施的质量、规格等都会影响运动员的训练活动和心理活动，如场地布置、器材质地、设备质量等，所以要尽可能优化和美化场地设施环境，既要实用，也要美观，从而激发运动员的训练热情，使运动员的训练积极性得到提升。

（二）社会心理环境

社会心理环境包括以下几方面的内容。

第五章　校园篮球队建设与科学训练

1. 人际环境

在校园篮球训练中存在特定的人际关系，基于此而形成的人际环境是一种特殊的学校内部的社会环境。校园篮球训练的人际环境具体包括下列几方面的人际关系。

（1）球队中教练员与运动员之间的关系。

（2）球队中运动员之间的关系。

（3）教练员与学校体育管理部门的关系。

校园篮球训练中的人际互动基于上述几种关系而展开，人际关系是否和谐，对训练氛围、运动员的训练态度及积极性以及最终的训练效果都有重要影响，因此要构建和谐的人际关系，保证篮球训练在良好的氛围中开展。

2. 组织环境

学校是一个特殊的社会组成单位，具有鲜明的组织性，学校内部又有很多次级群体，有正式的群体，也有非正式的群体，它们是学校内部组织的重要构成因素，如院系、年级、班级、运动队等都是学校社会群体的重要组成部分。特殊社会群体内部的次级群体在各自的活动中将自己的心理倾向、思想道德、精神风貌等展现出来，这些就构成了学校特殊的组织环境。学校内部组织环境具有约束作用，对组织内所有成员的现状与未来具有重要影响，也对组织的整体发展趋向产生影响。学校内部组织环境的这些影响和约束虽然不是强制性的，但影响极其广泛、深远。我们要努力构建阳光积极、奋发向上、拼搏进取的组织环境，为校园篮球训练增添活力。

3. 情感环境

在校园篮球训练过程中既充斥着大量的信息，也有频繁的交流和互动，信息交流也可以看作一种情感交流，情感交流是发生在特定情感环境下的一种深层交流。情感环境是由教练员、运动员各自及相互的情感状况构成的，因此需要由教练员和运动员共同建立情感环境。这就要求教练员在训练中耐心指导运动员，关心运动员，同时运动员也要尊重和信任教练员。教练员和运动员之间的交流是面对面的，和谐的情感环境更有助于推动篮球训练的顺利进行，提高训练效率和最终效果。

4. 制度环境

学校体育制度、体育管理条例、各种规定以及教练员和运动队对这些制度、条例和规定的认知、执行态度等所构成的制度氛围就是所谓的制度环境。制度环境发挥着重要的作用，保障篮球训练的规范性、科学性，同时约束训练主体的行为，直接影响篮球训练效果。

第五节　校园篮球队训练管理

一、校园篮球队各项训练的管理

校园篮球队训练包括体能训练、技术训练、战术训练以及运动心理训练，训练管理包含对这些训练内容的系统与全面管理。下面具体分析各项训练内容的管理要点。

（一）篮球体能训练管理

1. 合理制订训练计划

在体能训练中，提前制订训练计划，能够为训练工作的开展和训练目标的实现提供方向指引和理论支持，能够使训练过程更顺利，因此教练员必须加强这方面的管理，合理安排并实施体能训练计划。在计划制订中，要以运动员体能现状诊断结果和体能训练目标为依据，确保按照计划进行训练能够改善运动员的体能现状。

篮球教练员可以按照时间跨度制订体能训练计划，如年度体能训练计划等；也可以结合其他竞技能力要素制订训练计划。篮球体能训练计划中应包含以下内容。

（1）诊断运动员初始体能状态。

（2）明确体能训练目标。

第五章 校园篮球队建设与科学训练

（3）划分体能训练阶段，明确各阶段的任务。
（4）作出体能训练负荷调整的规划。
（5）安排体能训练方法和手段。
（6）设计体能训练效果评价标准及方式等。

2.重视运动处方的制定

在篮球体能训练中，制定运动处方至关重要，良好的运动处方能有效改善运动员的身体状态，提高运动员的身体素质和综合运动能力，同时还能保障体能训练的安全性，防止运动员受伤。鉴于此，篮球教练员在体能训练管理中必须重视对运动处方的制定与实施，制定运动处方包括健康调查与评价、运动试验、体质测试及制定处方等环节，其中制定处方是核心环节，运动处方应包括训练内容、训练时间、训练强度、训练密度、注意事项等内容。在处方制定中，需注意以下几点。

（1）做好身体检查和准备活动。
（2）科学确定处方的运动负荷。
（3）督促运动员执行规定。
（4）指导运动员定期复查身体和测定体力等。
（5）定期进行体能训练效果测评。

3.消除疲劳，促进恢复

篮球运动员在体能训练中常常会出现运动疲劳，对此，教练员必须加强安全管理，避免运动员因过度疲劳而影响身体健康。消除运动疲劳的方法主要有整理活动、按摩、温水浴、睡眠、补充营养等，根据疲劳程度及症状合理选用或综合运用这些方法，快速而有效地消除疲劳，使运动员恢复正常体力，为下一次训练打好基础。

（二）篮球技术训练管理

1.正确处理特长技术与全面技术的关系

在篮球技术训练中，应将特长技术与全面技术结合起来进行全方位训练，以发挥运动员的特长与优势，并提高运动员的全面作战能力。

2. 加强技术创新

创新是事物发展的不竭动力，篮球技术的发展、篮球运动员技术水平的提高都离不开创新，因此在篮球技术能力训练中，必须加强技术创新和训练方法创新，进而促进战术创新和运动员核心技能的提升。

（三）篮球战术训练管理

1. 按攻防系统进行训练

在篮球战术训练中，要按进攻系统或防守系统进行科学训练，以提高训练实效。在个人战术训练中，要重视衔接技术的训练，尤其是移动步法和重心转换，重点训练不同重心变化条件下的各种步法（交叉步、后退步、滑步、并步等）。在集体战术训练中，以完成战术所需的技术串联作为主要训练内容，高质量的技术串联是形成局部与整体战术的基础，必须加强这方面的训练。总之，在篮球战术能力训练中，要将衔接技术、技术串联作为重点训练内容。

2. 加强战术组合

现代篮球比赛越来越激烈，篮球战术呈现出"复合化"发展趋向，战术的复合化以战术组合为主，在比赛中将两个或两个以上的相关战术组合起来成套运用，达到出奇制胜的目的。篮球运动员灵活组合战术及运用组合战术的能力，也成为评价运动员专项素质的一个重要指标。因此，在篮球战术训练中要重视培养运动员的战术组合能力及运用能力，教练员要加强这方面的引导与管理。

（四）篮球运动心理训练管理

运动心理与运动素质、运动技战术等竞技能力因素密不可分，它们之间相互影响，训练效果相互制约，因此在校园篮球运动员心理训练中，除了要专门安排心理训练外，还应与体能、技战术训练有机结合。

1. 与体能训练相结合

现代篮球比赛越来越激烈，运动员保持良好的心理素质有助于在对抗激

第五章　校园篮球队建设与科学训练

烈的比赛中发挥正常实力。这就需要对运动员的良好心理品质与素质进行培养，而体能训练是一种非常有效的心理素质培养方法，在体能训练中能够锻炼与增强运动员的意志品质。

2. 与技术训练相结合

技术训练是篮球运动训练的主要内容，在篮球训练的各个阶段都不能忽视技术训练。篮球运动员在技术训练中也能培养思维能力和创造力，促进心理素质水平的提高。因此可将技术训练与心理训练结合起来培养篮球运动员的心理素质。

3. 与战术训练相结合

篮球战术训练的过程本身就涉及某些心理素质的训练，如思维训练、意识训练等。将战术训练和心理训练充分结合，有利于促进运动员战术意识和合作能力的增强。

二、校园篮球队训练的医务监督

（一）合理补充营养

1. 营养要全面

篮球运动员要全面补充营养，摄入丰富的食物才能保障营养全面，才能使消耗的能量得到有效补充。篮球运动员要依据篮球运动的供能特点合理搭配糖、脂肪、蛋白质三大能源物质的摄入比例，每日饮食中这三大营养素在总能量中所占的比例建议为55%、25%和20%。

2. 营养要合理

篮球运动员在日常生活中要合理补充营养，如多吃应季水果、蔬菜，使运动中产生的酸性代谢产物被体内增加的碱储备缓冲，促进酸碱平衡，预防过度疲劳，促进机体恢复。

篮球运动员还应补充丰富的维生素，以B族维生素和维生素C为主，此外还要补充丰富的矿物质，如钙、铁等。

3. 营养质量高

篮球运动员补充三大营养素时，要讲求营养质量。例如，运动员应选择容易消化的含糖食物，依靠糖酵解系统和磷酸原系统提供机体所需的能量。再如，在蛋白质的补充中，要选择优质蛋白，并以动物蛋白为主，这对肌肉生长、组织修复有积极促进作用，同时对增强肌肉力量以及改善能量代谢也有重要意义。

4. 膳食要平衡

常人每日进餐次数一般为3次，篮球运动员每日进餐多于3次，但每餐进食量较少，各餐之间间隔一定时间，各餐食物要营养均衡，既要保证食物的数量、营养搭配能够满足机体所需，又要保证营养素能够被机体很好地吸收，从而为运动员顺利参加训练和比赛提供基础保障。

篮球运动员每日进餐要求可参考图5-1所示的金字塔式膳食指南。

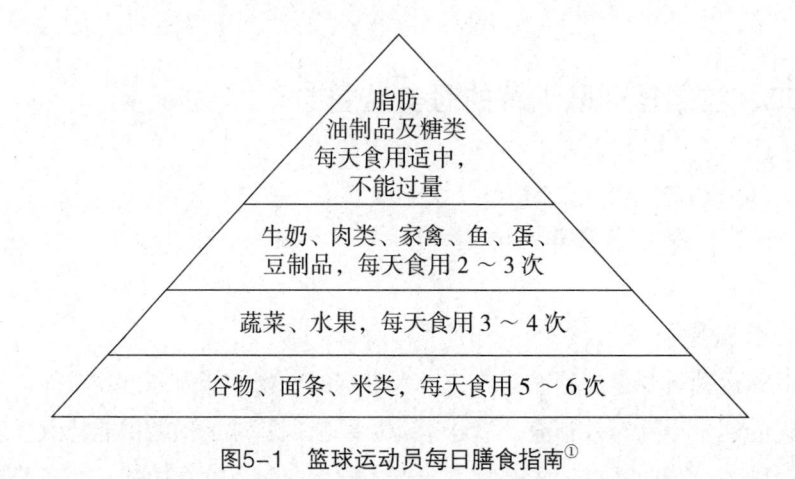

```
        脂肪
      油制品及糖类
     每天食用适中，
        不能过量
   牛奶、肉类、家禽、鱼、蛋、
   豆制品，每天食用 2～3 次
   蔬菜、水果，每天食用 3～4 次
 谷物、面条、米类，每天食用 5～6 次
```

图5-1　篮球运动员每日膳食指南[1]

（二）运动损伤的处理

在篮球训练中，运动员常常因为准备活动不充分、注意力分散、训练环

---

[1] 张宏杰，陈钧.篮球运动成功训练基础：篮球运动最新体能、营养与恢复训练手册[M].北京：北京体育大学出版社，2004.

第五章　校园篮球队建设与科学训练

境不佳、动作不规范等原因而发生运动损伤，从而危害身心健康，影响运动训练的正常进行，甚至影响之后的比赛。所以必须重视对运动损伤的紧急处理和有效预防，这是篮球运动医务监督的关键。下面具体分析校园篮球训练中运动员常见运动损伤的处理方法和预防措施。

1. 半月板损伤

半月板在股骨髁和胫骨平台之间，是膝关节重要的静力性稳定装置之一。当膝关节突然做伸屈运动，同时又受到扭转力（如脚和小腿外旋外展、大腿内旋内收、膝内扣）的作用时，其半月板则处于不协调运动中，受到上下两骨的挤压、研磨以及捻转，从而造成内、外半月板的撕裂伤。

例如，运动员转身跳起投篮时，从屈膝、转身到伸膝跳起，若脚步动作稍有不协调或被防守队员冲撞，膝关节半月板就极易发生撕裂。严重的膝关节内侧副韧带断裂也常伴有内侧半月板的撕裂。

（1）处理

膝盖半月板损伤很难立即做出诊断，一般建议参考膝关节韧带损伤的处理方法来进行现场处理，方法为用氯乙烷麻醉伤处及周围，局部进行物理降温，用弹力绷带采用压迫包扎法将伤处包扎好，制动，将伤肢抬高，再进行冷敷降温处理。

（2）预防

①增强自我保护意识，平时加强这方面的专门训练。

②全面进行体能训练，尤其是易伤部位。

③训练前后做好热身活动和放松活动。

④加强训练过程中的医务监督。

⑤正确佩戴保护支持带。

2. 踝关节韧带损伤

篮球运动员膝部受伤的概率非常高，踝部受伤概率次于膝部。常见踝部损伤中比较常见和突出的是踝关节外侧韧带损伤。篮球运动员跳起落地，身体失去平衡时容易摔倒，或不小心踩到他人，从而出现踝关节内旋、足跟屈内翻位，导致踝关节韧带损伤，被踩者如果被踩部位是踝关节，也容易出现这一损伤。主要症状表现为踝关节外侧剧烈疼痛，明显肿胀，无法直立行走。

（1）处理

①对受伤部位进行降温、加压包扎，防止出血，缓解肿胀，预防后期外踝结缔组织过度增生，同时对后续康复治疗有积极作用。要注意足外侧是压迫包扎中8字形交叉点所在的位置，这能够对踝关节内翻起到积极的预防作用。

②使用钢丝托板固定患肢，使受伤的脚保持稍外翻、跖伸位，从而防止继续出血。

③将患肢抬高，调节血液循环，以防伤处严重肿胀。

④进行局部降温，如用冰袋冷敷患处。

（2）预防

①日常训练中加强踝关节的力量训练，做专门的抗阻练习。

②在正式训练前做静力性牵拉练习。

3. 股四头肌挫伤

在篮球训练中，运动员大腿受到直接暴力后容易造成股四头肌挫伤。例如，篮球比赛中防守队员用膝盖顶撞正持球做交叉步突破的进攻球员的大腿前外侧，导致进攻球员股四头肌受伤，症状表现为伤处疼痛剧烈、肿胀明显，伤者无法行走。

（1）处理

症状较轻者，现场经过紧急处理后可以继续比赛，处理方法主要是用氯乙烷麻醉降温后，用弹力绷带压迫包扎，或使用保护支持带，这一处理方法有利于控制受伤肌肉出血，防止再次发生损伤，促进恢复。

症状严重者，在经过消毒处理的棉花垫上压迫包扎患处，患者平卧在垫子上，将患肢抬高，用冰袋冰敷，这有利于控制受伤组织出血，缓解肌肉肿胀，促进伤肢血液循环。

（2）预防

伤者痊愈后参加训练和比赛，为预防股四头肌再次受伤，必须采取必要的保护措施，如正确使用保护支持带。运动员要增强安全防范意识，防止对方球员直接外力撞击。

4. 肘关节脱位

篮球运动员倒地后前臂下意识地外旋、外展、向后支撑容易导致肘关节脱位，发生率最高的是后脱位。症状主要是患处疼痛，关节出现畸形，肘部无法正常活动。

（1）处理

按RICE原则（Rest：制动休息；Ice：冷敷；Compression：固定加压包扎；Elevation：患肢抬高）进行急救处理，建议用托板固定受伤肢体，用三角巾将伤肢挂在胸前，继续局部冷敷。

（2）预防

篮球运动员预防肘关节脱位最重要的方法是增强自我保护意识，倒地后采用正确的保护性动作来避免受伤，正确的方法是身体向后倒地时，前臂外展、稍微内旋、稍屈肘，向后支撑，稍屈膝，身体着地时两脚迅速用力后蹬，以对手臂倒地时的垂直作用力进行分解，预防肘关节脱位。

5.跟腱断裂

间接外伤是造成篮球运动员跟腱断裂的常见原因。篮球运动员在激烈的训练或比赛中，从半蹲位准备姿势开始，突然蹬地向上跳起，跟腱承受牵张力作用非常突然，而且承受的作用力较大，因此容易造成跟腱断裂。

（1）处理

按RICE原则进行急救处理，然后立即送往医院进行治疗。需要注意的是，在固定加压包扎这一环节，建议使用托板将伤足固定，踝关节处于跖屈位，这样，跟腱的牵张力就能减轻，防止再次撕裂。

（2）预防

①定期体检，若患有跟腱腱围炎，要保持高度重视，及时治疗，谨慎使用封闭治疗法。

②平时加强易伤部位的力量训练，做必要的抗阻练习，但要避免同一部位长时间做大强度练习。

③训练前做5分钟的静力性牵拉练习，以跟腱部位为主。

④训练后按摩踝根部和小腿三头肌，可以自我按摩，也可以与队友互相按摩。

第六章　校园篮球后备人才体能与心理训练

　　良好的体能是校园篮球后备人才的基础能力，是构成篮球竞技能力的基本因素，在校园篮球后备人才系统训练中加强体能训练，能够为技战术训练和整体竞技能力的提升奠定良好基础。此外，良好的心理素质也是篮球后备人才的必备素质，是其在实战中稳定表现技战术能力的重要条件，因而心理素质也是篮球后备人才训练中一项非常重要的训练内容。本章重点对篮球体能与心理训练进行研究，内容主要包括篮球运动员专项体能训练要求与心理素质分析、校园篮球后备人才的专项体能训练方法和运动心理训练方法，通过这些内容，为校园篮球体能与心理训练的开展提供指导。

第一节　篮球运动员专项体能训练要求与心理素质分析

一、篮球运动员专项体能训练要求

篮球运动是一项同场对抗性球类运动，对运动员的体能有着非常高的要求。篮球运动员在激烈的比赛中持续较长时间的高强度对抗，能量消耗非常大，如果没有良好的体能，是很难坚持到比赛结束的。所以不管是篮球教练员还是篮球运动员，都应该高度重视体能训练，对体能训练在篮球运动技能训练体系中的地位、重要性有正确的认识，将体能训练放到重要位置，将长期系统地组织实施体能训练作为提高运动员竞技能力、比赛能力和比赛成绩的重要手段。体能对篮球运动员的重要性在高水平篮球比赛中能充分反映出来，故要重视篮球一般体能与专项体能训练，合理安排篮球体能训练与技战术训练的比例，并将它们有机结合起来，促进篮球队综合能力的提升，使其在比赛中圆满完成任务，取得理想的成绩。

下面具体分析篮球运动员专项体能训练要求。

（一）制定体能训练标准的要求

在篮球体能训练实施中要采用丰富多样的训练形式和科学有效的训练方法，并且要加强对整个训练过程尤其是训练负荷的监督与控制。为了准确判断体能训练负荷是否合理，需要设计可量化的训练负荷指标，包括运动员生理指标和生化医学指标，采用恰当的方式对这些指标进行测试，从而检验训练负荷的合理性。此外，可量化指标也能用于衡量与评价篮球运动员的体能训练效果。不断制定与完善篮球体能训练指标体系，对监控篮球体能训练过程的科学性、合理性以及保障训练效果的有效性具有重要意义。

第六章　校园篮球后备人才体能与心理训练

（二）一般与专项相结合的要求

对篮球运动员来说，一般体能与专项体能密不可分，因而在篮球运动体能训练中，要将一般体能训练与专项体能训练结合起来。专项体能训练是从篮球运动员的专项能力和技战术特点出发实施的，旨在培养篮球运动员提高专项技能所需的专项运动素质，为其创造优异比赛成绩打好基础，一般体能则是基础的基础。

体能训练不能脱离专项而盲目进行，否则就会失去训练的意义。在篮球运动技能训练中，技战术训练是主体内容，体能训练是基础内容，为技战术训练提供坚实的基础。所以，在篮球体能训练中，必须结合专项特征、专项需要安排训练内容、训练手段，并合理分配一般体能训练和专项体能训练的比重，进行更有针对性的练习。

（三）体能与技战术相结合的要求

篮球运动员在赛场上实施攻击和防守的技战术方案，是以良好的体能素质为前提的，运动员只有具备良好的体能素质，才能充分发挥技战术水平，与队友协同配合，抓住机会达到进攻得分、取得优异比赛成绩的目的。所以，只有将篮球专项体能训练与专项技战术真正结合起来，才能达到预期的训练目的。篮球运动员的技战术能力也能够在体能训练中得到检验并不断完善，篮球运动员在技战术训练中，其体能也能够得到进一步巩固与提升。为此，要从篮球运动员的竞技水平、不同阶段的训练任务出发，对体能和技战术训练的比重进行合理安排。

篮球运动员必须清楚，体能是充分发挥技术的基础条件，是自身在赛场上有效遏止对方的重要手段，自身在运动技能方面的欠缺可以通过体能弥补，越是高水平、高难度的篮球比赛，运动员越要具备良好的体能。篮球教练员要为运动员制订一套科学合理的体能训练计划，并将体能训练融入技战术训练中，促进体能和技战术之间的正向迁移。

（四）创新体能训练方法的要求

篮球体能训练水平与训练效果主要取决于训练方法，训练方法科学、合理是保证体能训练效果良好的前提条件。在竞技体能训练的快速发展和篮球体能训练的深入研究中，创造出了大量科学有效的体能训练方法，而且随着现代科技在竞技体育中的不断渗透，体能训练方法越来越先进。要持续不断地提高体能训练水平与训练质量，必须筛选最适合每个运动员、最能增强运动员体能的科学训练方法，并不断打破传统训练思维局限，加强对体能训练方法的创新，根据运动员的训练需要设计新方法，提高体能训练效率和质量，使篮球运动员在比赛中保持最佳体能状态。

篮球体能训练方法的创新体现在各项运动素质的训练中。例如，在力量训练中，很多运动员以杠铃训练为主，这是提升运动员力量素质的有效训练方法，但不要局限于此，在杠铃训练的基础上可以进行高强度跳跃式训练及其他器械的训练。又如，在耐力训练中，除了通过各种距离、各种姿势的跑步练习外，还可以进行间歇式冲刺性训练，这符合篮球运动的特点，也能促进运动员耐力和爆发力的发展，同时还能增加训练的趣味性，提高运动员训练的积极性。

（五）不同身体素质的训练要求

1. 力量训练要求

篮球比赛中充满激烈的对抗，所以篮球运动员普遍都希望自己强壮一些，也就是更有力量一些。在高水平的篮球比赛中，运动员必须具备良好的力量素质才能与对手抗衡，才能将各种攻守技战术有效完成，占据主动权，提高获胜的概率。力量训练是篮球体能训练中最基础的内容，通过力量训练提高一般力量与专项力量素质后，也能对其他身体素质的训练与提高产生积极影响，同时对提升篮球技战术水平也非常有意义。

篮球力量训练形式丰富，手段多样，既能单一练习，也能组合练习、成套练习，形成了较为完善的力量训练体系。从运动生物学理论出发，在全面增强肌力的力量素质训练中要注意以下几点基本要求。

第六章　校园篮球后备人才体能与心理训练

（1）系统性

篮球力量训练应该在全年训练计划中进行系统性安排，从而持久有效地增加肌力。如果中途放弃，就会导致肌肉力量减退，之前的训练效果消失。

（2）递增负荷

从运动生物学的角度来看，运动训练的过程根本上就是运动员在不断重复训练中机体从不适应到适应的循环往复过程，一旦运动员适应了某一力量负荷，就要采取新的力量负荷进行训练，也就是在原有负荷的基础上增加负荷，通过增加练习次数、器械重量、练习时间来加大负荷刺激，进一步提升运动员机体的适应力。

（3）针对性

篮球力量训练包括身体不同部位的训练，在某个部位的肌肉训练中，要施加适当的负荷，并使肌肉收缩方向与负荷阻力方向相反，这样才能达到针对性训练与提升的效果。

（4）专门性

在设计力量练习动作和操作方法时，要参考篮球专项特征，尤其是专项技术动作的结构特征，进行专门性训练，从而使运动员产生积极的运动性应激反应。如果力量练习方法不符合篮球专项动作结构特征，那么即使运动员经过训练增强了力量，也难以转换为专项力量，无法从根本上解决一些力量性技术问题。

（5）肌力平衡

肌肉有主动肌和对抗肌之分，这两者肌力之间的平衡状态就是所谓肌力平衡。从更广泛的角度而言，人体上下肌群力量的相对平衡和左右肌群力量的相对平衡也可以称得上是肌力平衡。平衡和相等不是一个概念，平衡是对应关系，运动员肌力平衡有助于进一步熟练运用各项技术，并能有效预防运动损伤。因此在篮球力量训练中要注意肌力平衡。

在力量素质中包含一项特殊的内容，即爆发力，在篮球运动中有很多技术的完成都需要用到爆发力，如快速移动、起跳等。爆发力是由绝对力量转变而来的，绝对力量的水平决定了爆发力的水平。篮球运动员的绝对力量如果在运动场上无法顺利转变成爆发力，那么其绝对力量的作用就会弱化，也难以高水平完成一些需要运用爆发力去完成的篮球技术。如果篮球运动员有很好的爆发力，便能在最短时间内产生最大力量，从而顺利完成有力量的动作，提高动作质量。肌肉的爆发力不是与生俱来的，而是通过训练培养与提升的，因此在篮球力量训练中不能忽视爆发力的训练。

2. 速度训练要求

篮球运动员在篮球场上奔跑，要具备在高速跑动中突然、快速地改变跑动方向的能力，即连续不断变换方向的奔跑速度。尤其是在攻守转换阶段，跑动速度尤为重要。速度快的运动员在场上跑动不仅轻松自然，而且起动突然有力，能够迅速获取主动，有利于完成攻守任务。因而，在篮球体能训练中要结合篮球运动的特点和技战术发展的需要进行专项速度训练。此外，在篮球场上，速度及灵活性固然重要，但应用时机和如何应用同样也重要。在开始进行速度训练时，可先采用分解练习法，这样既可以增强局部力量，又可以克服某环节中的弱点。

在篮球速度训练中，要科学合理地实施练习方法，安排练习负荷，调整练习处方，从而提升训练效果。运动生物学视角下，篮球速度训练要遵循以下要求。

（1）符合人体生长规律

不同体能素质发展的敏感期有差异，各项运动素质发展的敏感期出现在人体生长发育的不同阶段。在篮球速度训练中，要按照人体生长发育规律，抓住后备人才速度素质发展的敏感期，在敏感期加强速度训练，再加上先天基因的配合，能够快速提升速度水平。

（2）符合快肌纤维发展规律

在运动生理学视角下，速度素质水平在很大程度上受到快肌纤维的影响。在篮球速度训练中，要依据快肌纤维的发展规律设计和选用训练方法，有效发展快肌纤维和速度素质。以快肌纤维的发展规律为依据进行具有针对性的速度训练，能够给人体快肌纤维带来积极影响：增加快肌纤维的横断面；增强快肌纤维的无氧代谢能力；改变快肌纤维类型。当运动员的快肌纤维得到这些发展与完善后，速度素质即能够得到有效提升。

（3）与专项特点结合

篮球运动员的速度训练必须与篮球专项技术特点有机结合起来，如果速度训练不符合专项特点，那么运动员获得的速度不会转移为专项竞技能力的

第六章　校园篮球后备人才体能与心理训练

一部分。因为简单的快速动作练习和人体植物性神经系统活动之间的联系不是必然存在的，运动员速度水平的提升是以快速动作为前提的，在快速动作练习的基础上，要通过结合篮球专项特点的训练将获得的速度能力与篮球运动特有的神经系统活动的表现形式有机结合起来，按照篮球专项特点进行专门的速度练习，强化训练过程中感受器官与运动器官的一致性，提升专项速度训练效果。

3. 耐力训练要求

篮球运动员在比赛中保持充沛的精力和高昂的斗志离不开良好的耐力素质，耐力强是运动员正常发挥技战术的一个重要保障。在篮球专项耐力训练中，要根据运动员的代谢特点，循序渐进地安排训练，并观察运动员在训练中的生理反应，从而控制训练强度，合理安排重复次数与练习时间，保证训练任务的顺利完成。此外，还要注意常年坚持耐力训练，逐步提高运动员对各种新异刺激的适应性，在耐力训练过程中还要对运动员的意志品质和顽强斗志进行培养，促进篮球运动员体育精神的升华。耐力包含有氧耐力和无氧耐力两种类型，从篮球供能规律与特征来看，运动员训练和比赛时，无氧供能系统占重要地位，因此篮球运动员不仅要训练有氧耐力，还要训练无氧耐力，以促进专项耐力素质的整体提升。

最后需要注意的是，篮球耐力训练容易使运动员耗费大量的体力和精神，所以在训练结束后要注意采取有效手段促进恢复。

4. 弹跳训练要求

弹跳力是指篮球运动员下肢发力，同时全身协调用力，从而迅速从地面弹起腾空的能力。对篮球运动员来说，拥有良好的弹跳力很重要。弹跳力好的运动员能够更好地争夺高空优势和有效控制攻守范围，同时在掌握复杂、高难度的技术动作方法时也有优势。在篮球实战中，运动员的弹跳力具有快速连续性和多维方向性，这是专项训练中要注意的一个要点。

篮球运动员弹跳力训练的具体要求如下。

（1）篮球运动员在早期就要重视锻炼弹跳力，青少年篮球运动员进行弹跳力训练时，先主要进行小肌群弹跳练习。

（2）篮球运动员进行弹跳力训练时，强度较大，组数较多，每组练习次数较少，组间间歇时间适宜，这样安排有利于运动员用力起跳时很好地释放能量。

（3）篮球运动员要结合专项技术训练弹跳素质，从而争夺空中优势，使弹跳的高度与远度有利于完成专项技术。

（4）篮球运动员的弹跳素质训练、柔韧素质训练及灵敏素质训练应有机结合起来，从而促进运动员身体重心转换能力与控制能力的提升。

二、篮球运动员心理素质特征

（一）专门化知觉

1. 球感

篮球运动员在长期训练中形成的对球的性质及运动规律的精细感知就是所谓的球感，熟练控制球、随意支配球是运动员球感的具体表现。运动员球感的形成是视觉、触觉、动觉、时空知觉及运动知觉共同参与的结果，这是一种复合感知。篮球运动员只有具备良好的球感，才能在球场上熟练运球、准确投篮。

篮球运动是集体对抗性竞技项目，篮球制胜的关键是同伴间的协同配合。这需要运动员在球场上随时进行全面观察，而运动员在这个过程中要获得更多的自由与主动，要集中注意力观察场上形势和发挥技战术，首先就要具备良好的球感，这是优秀篮球运动员的必备素质之一。

2. 时空感

运动员在球场上对时间特征（场上形势的延续性和顺序性）、空间特征（队友、对手，球篮的位置、距离、高度等）的感知就是时空感。篮球运动员只有具有良好的时空感，才能对对手及同伴的行动做出准确的预测和判断，从而迅速争取时间，获得有利空间，掌握主动。篮球运动员良好的时空判断能力在抢断球、抢篮板球等技术发挥中尤其具有重要作用。

第六章　校园篮球后备人才体能与心理训练

（二）个人与集体思维

思维能力是篮球运动员战术意识的核心。篮球战术有个人战术和集体配合战术两种类型，相应地，篮球运动员的思维也具有个人思维和集体思维两种类型。

1. 个人思维

思维是借助语言、表象或动作实现的对客观事物的概括和间接认识，是认识的高级形式。篮球运动员在比赛中面临着很多棘手的问题，比如如何摆脱、切入、防守、何时投篮等，运动员处理这些问题不能有丝毫犹豫，应果断决策，在这个过程中，运动员会在头脑中对自己掌握的信息迅速进行加工。运动员的思维决策过程是一个行为控制系统，这个系统的核心是信息加工。决策者、决策的环境和决策结果是这个系统的三个构成要素，它们之间密切相关。在篮球运动情境中，运动员的个人思维决策过程具有问题的空间性、过程的时间压力、结果的不确定性和即时性等特征。

2. 集体思维

篮球运动员之间在共同目标引导下，对同一问题情境产生相同概括反应的过程就是所谓集体思维。在篮球运动中，一切配合行动都建立在集体思维的基础上。队员之间行动一致，默契配合，表现出较强的协同性和互补性，这是集体思维的良好表现，也是思维训练的目标。篮球队高质量完成配合的基础是拥有良好的集体思想，所以对篮球运动员而言，集体思维是非常重要的一种心理素质。

（三）情绪

人对客观事物的态度体验及相应的行为反应就是情绪。在篮球运动员最佳心理状态中，情绪稳定是最核心的内容，只有保持稳定的情绪，才能正常发挥技战术水平。

篮球运动员的情绪对其技战术的发挥有直接影响，对比赛的结果也有很大影响。因此要重视对篮球运动员情绪控制能力和调节能力的培养，使其能够对自己的不良情绪及时作出调整，避免因情绪过激或其他消极情绪而影响训练与比赛的正常进行。

（四）意志品质

有意识地对行为进行支配、调节，通过努力克服困难来达到预定目的的心理过程就是所谓意志。顽强性、坚韧性、自控力、果断性、自信心和目标清晰是意志品质的主要特征与内容。在激烈的对抗中为实现目标而努力克服困难是篮球运动员坚强意志品质的表现。

篮球比赛复杂、激烈，有很多障碍都是意想不到的，比赛的胜负在很大程度上受运动员意志品质的影响。运动员只有拥有顽强的意志品质，才能在激烈的比赛对抗中敢打敢拼，信心充足，向着目标努力，否则会情绪不稳，总是出错，丧失信心。篮球运动员的各种心理能力都表现在意志行动上，可见意志品质具有非常重要的作用，是篮球运动员专项心理素质训练中不可缺少的一部分。

第二节 校园篮球后备人才的专项体能训练

一、校园篮球后备人才专项力量训练

（一）上肢力量训练方法

1. 单手肩上传接球练习

两人面对面站立，间隔2米，持球者双手轮换交替，将球从左手经背后绕到右手进行单手肩上传球练习，接球者接球后按同样的方法回传球。

第六章　校园篮球后备人才体能与心理训练

2. 两人连续投篮练习

两人各持一球，面向球篮平行站立，间隔2米，做单手肩上投篮的准备姿势，听口令同时连续向前上方投篮，伸臂、屈腕、拨球的动作要连贯，两臂交替进行。

3. 双手头上传接球

两人面对面站立，间隔2米，持球者双手持球置于头上，连续前后摆腕几次后向同伴传球，接球者接球后按同样的方法回传球。

4. 体侧传接球练习

两人面对面站立，间隔2米，持球者双手交替，将球从内向外绕大小腿后进行体侧传球，接球者接球后按同样的方法回传球。

（二）腰腹力量训练方法

1. 仰卧起坐碰球练习

一人两球，双手持一个球，两脚间夹一个球，在垫子上仰卧，做仰卧起坐练习，坐起后用手中的球碰两脚间的球。

2. 俯卧摆动练习

一人一球，俯卧做上、下肢同侧摆动练习。两脚直腿夹住球，在垫子上俯卧，两手和两脚同时离开地面，快速向同一方向摆动。

3. 仰卧"两头起"碰球练习

一人两球，双手持一个球，两脚间夹一个球，在垫子上仰卧，做仰卧两头起练习，收腹坐起后尽可能使两球触碰。

4. 低运球练习

持球坐在垫子上，两腿并拢离地，运球于腿侧，两腿分开时将球运于两腿之间，反之亦然。

（三）下肢力量训练方法

1. 突破练习

两人各持一球，面对面站立，连续做突破"蹬、转、跨、探、放球"练习。练习时，两人同时用右手向对面同伴的右侧传出反弹球，两人轻跳接球，同时向右做以左脚为轴的顺步突破动作。

2.面对篮板连续跳对板传接球

练习者面对篮板站于篮下，双手抱球于胸前，将球对板传出，当球从篮板弹回时，再向上起跳接球并在空中将球传向篮板。如此连续起跳传接球。

对板击球时，两臂动作不要过大，主要靠两前臂在向上方伸出时压腕拨指完成，用力适宜，落点要准确。

（四）爆发力训练方法

1.跳起摸篮圈

连续快速起跳摸篮圈，尽量往高处摸。

（1）原地站立，目视篮圈。

（2）起跳迅速屈踝、屈膝、屈髋。

（3）挥臂快速起跳，单手摸篮圈。

2.双膝触肘

要求双脚起跳快速离地，跳至最高处时屈髋、屈膝。

（1）练习时连续快速垂直起跳。

（2）保持垂直平衡姿势。

（3）落地时，迅速屈踝、膝及髋关节。

（4）快速起跳，同时使双膝尽量触及肘关节。

3.跳箱跳投

此练习能够锻炼弹跳力、接球及投篮技术。

（1）在选定的投篮区域内摆放一只跳箱。

（2）站在跳箱后面，面对篮圈。

（3）同伴投球，位于跳箱及球篮之间。

（4）双脚跳上跳箱，并迅速向前跳下，落地前接同伴的传球。

（5）脚落地后，快速爆发式起跳投篮。

在篮球比赛中，运动员要根据攻守情况不断变换自己的位置，灵活调整

第六章 校园篮球后备人才体能与心理训练

站位，从而应对不断变化的赛场情况，争取主动权。篮球运动员调整站位的动作方法有前后跑、滑步、纵跳等，在完成这些动作时，身体的爆发力很重要，充分运用爆发力能够提高动作完成质量，达到预期的效果。因此在篮球后备人才体能训练中要特别重视爆发力的训练。

篮球教练员要以学生的体能特征、体能发展需要为依据对爆发力练习方法进行设计，如依据场上的位置及打法特点，针对比赛中常见情况，采取针对性的专门练习。此外，也可以结合其他运动项目中的基本移动方法进行练习。此类练习方法多种多样，设计练习方法时要重视方法的多样性和训练效果的全面性。

爆发力练习并不适合所有学生，特别是不适合身体素质较差的学生。学生要根据自己的身体状况选择难度适宜的练习，不可盲目与高水平运动员攀比，要认真对待爆发力练习，要由易到难，循序渐进，注意练习的质量，而不是一味求多。在开始爆发力训练之前，最好先进行体检，如果身体有伤病或尚未痊愈，尽量不要参加此类训练。

二、校园篮球后备人才专项速度训练

（一）下肢动作练习

跑动中，腿部动作可分为提膝、伸腿及蹬地三个阶段，各阶段的练习方法如下。

1. 提膝练习

练习一：

（1）走动中进行提膝练习，保持脚前掌着地，身体呈一条直线，提膝腿的大腿与地面平行，支撑腿蹬地伸直。

（2）当提膝腿的大腿与地面平行时，两条腿的踝关节应呈背屈状。

练习二：在跑动中练习提膝动作，强调提膝，限制步幅，每1米距离大约跑三步。

2.伸腿练习

练习一：

（1）走动中提膝伸腿。

（2）脚落地后扒，后扒力量越大，地面的反作用力也越大。

（3）后扒动作除了不会使脚在体前距离过远外，还可以防止身体重心垂直向上。

练习二：

（1）基本同上，但在两腿交换时，加上跑动动作。

（2）强调正确的提膝、伸腿动作，以及脚着地后的后扒，并且要求肌肉爆发式收缩用力，上体微微前倾。

3.蹬地练习

练习一：

（1）跑动中蹬地练习，先左脚蹬地两次，右膝上提两次，然后右脚蹬地，左腿提膝。

（2）蹬地时充分伸腿，尽量提高身体重心。提膝至大腿平行地面时，两脚踝关节保持背屈。

练习二：

（1）两脚交替蹬地跑动，后蹬腿完全伸展。

（2）摆动腿膝部提起向前顶，步幅尽量大一些。

练习三：

（1）跑动中向后踢腿，尽量使后脚跟踢到臀部。

（2）逐渐加快后踢腿的速度。

练习四：

（1）跑跳时微屈膝，用前脚掌用力蹬地，充分伸展踝关节。

（2）两脚交替快速蹬地。

（二）上肢动作练习

手臂速度练习也很重要，手臂摆动的速度要与下肢跑的速度保持协调，加快手臂摆动速度也有助于加快跑速。

第六章　校园篮球后备人才体能与心理训练

1. 手臂上下划弦

（1）先保持肩部肌肉放松，然后手臂上举，肩部肌肉处于紧张状态，手臂向下时，肩部肌肉处于放松状态。

（2）手臂慢慢移动，做上下划弧动作，从中体会肩关节摆动。

2. 坐立摆臂

（1）坐在地上，两腿前伸。

（2）肘关节弯曲90°，前后摆臂，摆臂力量越大，速度越快，跑动时，异侧腿蹬地力量越大。

3. 站立摆臂

（1）向前甩臂，然后贴身向后甩臂。练习时肩放松，手臂伸直，手放松，不要握拳，以免双臂自由摆动。

（2）手臂屈肘呈90°，肘部放松摆动，前后移臂，手臂前摆时不要高过胸或肩；向后摆动时不超出臀部。

（3）随着练习水平的提高，逐步加快摆臂速度。

（三）加速练习

（1）若干队员一起进行接力跑练习。

（2）全场快速运球上篮。

（3）两人一组，快速传接球上篮，尽量减少传球次数。

（4）快速跑变中场后退跑。

（5）折线起动侧身变向跑。

（6）各种折线跑与抢滑步练习。

（7）沿边线侧身快速跑。

（8）沿3分线急停、起动、侧身跑。

三、校园篮球后备人才专项耐力训练

（一）有氧耐力训练方法

在校园篮球后备人才耐力训练中，要先进行有氧耐力训练，学生的有氧耐力达到一定水平后，再进行无氧训练和有氧、无氧的综合训练。有氧耐力训练方法与手段如下。

1. 加速赶超

练习者排成两个平行的纵队，两个纵队的最后一人听口令分别从外侧向排头快速跑，成为新的排头，队尾继续按同样的方法跑向排头，所有人依次加速跑，运动强度以60%左右为宜。

2. 爬坡跑

在坡度较小、距离200米左右的坡上练习，从坡下快速跑到坡上，重复5次，往返一次后间歇3分钟左右再开始练习，强度以70%左右为宜，心率每分钟控制在120～140次。

3. 中速往返跑

在篮球场上从一侧底线向另一侧底线中速跑，往返5次，间歇3分钟后，再在两个底线之间往返跑。跑的方式有很多，如可以选择踢腿跑、交叉步跑和侧身滑步跑等方式。

4. 反复变向跑

在田径场地上练习，练习者听教练员口令完成不同方向的变向往返跑，每次持续2分钟，重复3次，间歇3分钟左右，每次结束后，待心率恢复到每分钟低于120次时开始下一次练习。

5. 接力跑

在跑道上，将练习者分成5组，每个直曲段站一组，采用击掌方式进行接力跑，每人总跑量约400米，跑后返回原地，也可采用200米接力跑，分成3组完成，总跑量约800米或1 600米。

第六章　校园篮球后备人才体能与心理训练

（二）无氧耐力训练方法

无氧耐力训练的强度较大，运动强度大约为95%，心率每分钟达到180次以上，训练方法如下。

（1）快速转身追逐跑：两人一组前后站立，间隔5米距离，均与跑进方向背对，按教练员的指示同时转身，后者追前者，若在100米内成功追到则有效。追到后二人同时跑回起点位置，再继续追逐跑，共完成5次左右。

（2）在田径场地上进行距离2000～5000米的变速跑，直道上跑速快，弯道上跑速慢。

（3）快速连续跑30米、50米、80米、150米，间歇10～30秒。

（4）利用篮球场各横线往返跑。

（5）利用篮球场各横线往返运球上篮。

四、校园篮球后备人才专项弹跳力训练

以下专项弹跳力训练方法按训练目的重复一定次数。

（一）垂直起跳摸高

练习方法：
（1）两脚开立，眼睛注视标志物。
（2）迅速起跳，跳到最高点时伸手摸标志物。
（3）落地后要缓冲。

（二）垂直收腹跳

练习方法：
（1）垂直向上跳起，收腹，使膝盖与肘关节触碰。

（2）落地时，屈踝、屈膝、屈髋。

（三）侧向跳跃障碍

练习方法：
（1）两脚并立站在障碍物一侧，目视落脚点方向。
（2）向目标方向起跳越过障碍物，落地后再反方向侧跳越过障碍物。

（四）前后跳跃障碍

练习方法：
（1）自然站立，目视障碍物。
（2）双脚向前起跳，从障碍物上越过，脚尖正对前方。
（3）反向跳跃障碍物，返回原位。

（五）起跳抢篮板球

练习方法：
（1）两人在篮板下一左一右平行站立。
（2）其中一人持球，以向篮板抛球的方式传球，另一人迅速起跳，在球到达最高点时触球，并按照同样的方式给同伴回传球。两人不断跳跃接球、传球。

（六）用前脚掌连续跳台阶

练习方法：
（1）双脚并立，面向台阶。
（2）双臂摆动，助力起跳，双脚快速蹬地同时向台阶跳起，前脚掌触台阶即可，向后跳下后再次跳上台阶，依然是前脚掌触台阶，连续跳，不断提高速度。

第六章　校园篮球后备人才体能与心理训练

五、不同位置专项体能训练

篮球比赛中，不同位置球员的主要职能不同，擅长的技术也有一定的区别，因此在不同位置球员的体能训练中，必须结合球员的技术特征、优势技术以及技术发展需要来设计训练方法，并将体能训练与关键技术训练结合起来，或者说在体能训练中融入技术训练，在技术训练中融入体能训练，总之体能与技术的整合训练效果更佳。

（一）前锋

对前锋队员来说，突破是非常关键的技术，因此要特别重视运球突破、接球突破、空切接球突破等各种突破技术的训练，这也是所有外线球员和有远投能力的内线球员体能与技术结合训练的关键。

前锋队员体能训练方法示例：分成两队，5人防守，2人进攻。一名进攻者高位运球，一名防守者手持防护垫对其进行碰撞，另一名进攻者从一侧三分线开始向篮下切入接传球上篮，然后向另一侧三分线跑接球投三分，如此反复。每一轮都有两次上篮和两次三分，但在此过程中受到4个对手持垫推撞，进攻者要尽力提高投篮命中率。

（二）中锋

背身攻击是篮球中锋队员的一个特长技术，其利用身体掩护球，以脚为轴转动身体，用身体阻挡对手，使其难以有效阻碍进攻。在保护好球的同时能控制节奏，并观察比赛局势，伺机传球策应，从个人进攻技术过渡到团体配合进攻战术。中锋队员加强背身进攻、传球策应训练，有助于发展专项体能素质。

中锋队员体能训练方法示例：用大小等同于篮球，重量约5千克的药球进行训练，训练一段时间后，换成比篮球重10倍的药球。药球外表光滑，而且移动中惯性很大，所以能够很好地训练手指、手腕力量和身体协调性。再经过一段时间后,加入持防护垫的防守者,这样能够在训练体能的同时巩固持球背身进攻的技术。

(三)后卫

在篮球比赛中,后卫控球不稳,不能兼顾观察队友,突破走步、掉球等问题时常出现,而且随着篮球对抗程度的增加,后卫控球的难度也越来越大,因而在日常训练中既要加强控球训练,也要进一步重视体能训练。

后卫队员体能训练方法示例:分成两组练习,一组队员运球交替出发,另一组队员手持防护垫在全场干扰。运球队员在运球过程中绕过若干标志杆,并绕过对方的夹击陷阱,在此过程中还要完成换手运球、转身运球等动作,还要合理推挤对手,保证球不掉落、8秒过前场并及时给站在各个攻击位置举手示意的教练传球。

第三节 校园篮球后备人才的运动心理训练

一、校园篮球后备人才运动心理训练方法

运动心理训练方法丰富多样,对校园篮球后备人才而言,适用的训练方法有以下几种。

(一)动机激发法

篮球后备人才在训练和比赛中的良好表现离不开正确动机的内在驱动。在运动训练和比赛前可以采用动机激发的方法调节心理,树立顽强拼搏、为

第六章 校园篮球后备人才体能与心理训练

国争光、集体荣誉、勇者必胜等正确观念，将注意力高度指向正确的方向和理想目标上。此外，学生要正确对待成败，在训练和比赛中要拼尽全力，不管结果如何，都要不留遗憾。

（二）表象训练法

表象训练法是指运动员有意识地在头脑中重现某种动作、技术或者运动情景，从而提高运动技能、增强心理调控能力的过程。

一个完整的表象训练过程主要包含以下三个程序。

（1）表象知识介绍。要求学生充分了解运动表象，掌握其特点和作用等内容。

（2）表象能力测定。通过设置规定情景，对学生的表象能力进行测定，从听觉、视觉等感觉的清晰性，情绪体验的深度，表象的控制能力等角度设置表象能力的等级，确定学生的表象能力等级，再根据其表象能力设定表象训练的目标和任务，制订表象训练的计划。

（3）基础表象训练。基础表象训练的目的是提高基础表象能力，为发展专项表象能力奠定基础，主要训练内容为提高感觉觉察能力训练、提高表象清晰性训练、提高表象控制性训练等，是整个表象训练中最重要的一个程序。

（三）游戏转移法

游戏转移法是一种转移注意力的趣味心理训练方法，这一训练法具有较强的趣味性，能在很大程度上缓解紧张、焦虑、烦躁不安的情绪。在具体的训练中，可以用一些生动有趣的游戏来转移注意力，使学生摆脱紧张心理，进入一种放松状态，保持情绪和身心放松。在设计这类游戏时，要提出游戏规则、要求和注意事项，让学生更加轻松愉快地融于游戏之中，从而取得理想的心理训练效果。

（四）抗挫折训练法

篮球比赛对抗强烈，竞争激烈，比分瞬息万变，比赛结果充满悬念，最终有胜利方，也必然有失败方，失败的结果会给学生带来很大心理打击，为防止学生失败后一蹶不振，有必要在日常心理训练中采用抗挫折训练法提升学生的心理承受能力。

例如，在模拟实战的对抗训练中，裁判员故意判罚错误，让双方比分打平，双方队员继续在强烈的压力下对抗，努力打破比分的相持局面，这是锻炼学生心理韧性和抗压能力的一种有效方法。

（五）实战训练法

实战对抗是篮球运动训练尤其是心理训练的一种特殊方法，该方法模拟真实的比赛环境，直接作用于参赛者的心理层，也直接反映参赛者的比赛心理状态与心理素质。在实战对抗训练中，教练员可以观察参赛者在不同阶段的心理状态和整个比赛过程中的心理变化，准确把握参赛者的心理变化规律和常见心理问题，从而采取策略进行具有针对性的调节与干预，强化参赛者的参赛心理素质。

在实战对抗训练中，教练员要营造真实的比赛环境，找一支合适的球队来与自己的球队进行交流对抗赛，让学生全身心投入其中，感受自己在比赛中的"心路历程"和心理状态有哪些明显变化，这些都是心理训练的重要依据和参考，能够为比赛心理训练的有效实施奠定基础。

（六）VR训练法

VR技术是一种现代化运动训练手段，在体育训练中得到广泛应用。篮球后备人才的训练心理和比赛心理容易受到外在因素的影响，但在平时的训练中不易构建真实的比赛场景，对外在因素的模拟有较大难度，这样学生在日常训练中就容易忽视比赛中外在因素对自己的影响。而应用VR技术可以通过虚拟化的场景让学生感受真实的比赛环境，体验各种因素对自己的影

第六章 校园篮球后备人才体能与心理训练

响，从而对比赛中的外在影响因素有更深刻的认识，更有针对性地调节自己的心理状态。

将VR技术应用到篮球心理训练中，注意合理筛选要呈现的内容与因素，从而通过还原真实比赛场景来提高学生实战中的心理控制与调节能力。

二、校园篮球后备人才参赛心理训练

（一）参赛的逆境应对训练

逆境应对训练是针对参加高水平比赛的运动员而设计的一种心理训练模式，它是随着运动训练理念的更新和运动比赛水平的不断提高而提出与构建的。逆境应对训练是一种新兴心理训练模式，该模式中的逆境是指阻碍运动员实现比赛目标的各种情境，应对是指克服或处理逆境的意识与方法。该模式特别强调应对的意识，因为运动员有了意识，则他们的应对就不仅是适应环境式应对，还有改变环境式应对，而且不仅能识别比赛中的逆境，还能预见逆境。[1]

逆境应对训练模式的特点是训练周期有弹性，要求评价应对效果的指标主客观一致，强调教练员的主导性与参与性。在逆境应对训练中，首先要寻找比赛中的典型逆境，然后通过训练成功应对（消除）逆境，该模式的操作程序如图6-1所示。

下面结合图6-1具体分析校园篮球后备人才参赛的逆境应对训练操作。

1. 确认或预见典型逆境

篮球比赛中威胁参赛者完成比赛目标的逆境被称为"典型逆境"，也就是关键逆境。一场比赛中的典型逆境有时只有一种，有时有多种，数量不确定。确认典型逆境是指根据已有经验识别和确认；预见典型逆境是指分析评

---

[1] 张忠秋.优秀运动员心理训练实用指南[M].北京：人民体育出版社，2007.

估可能发生的逆境。

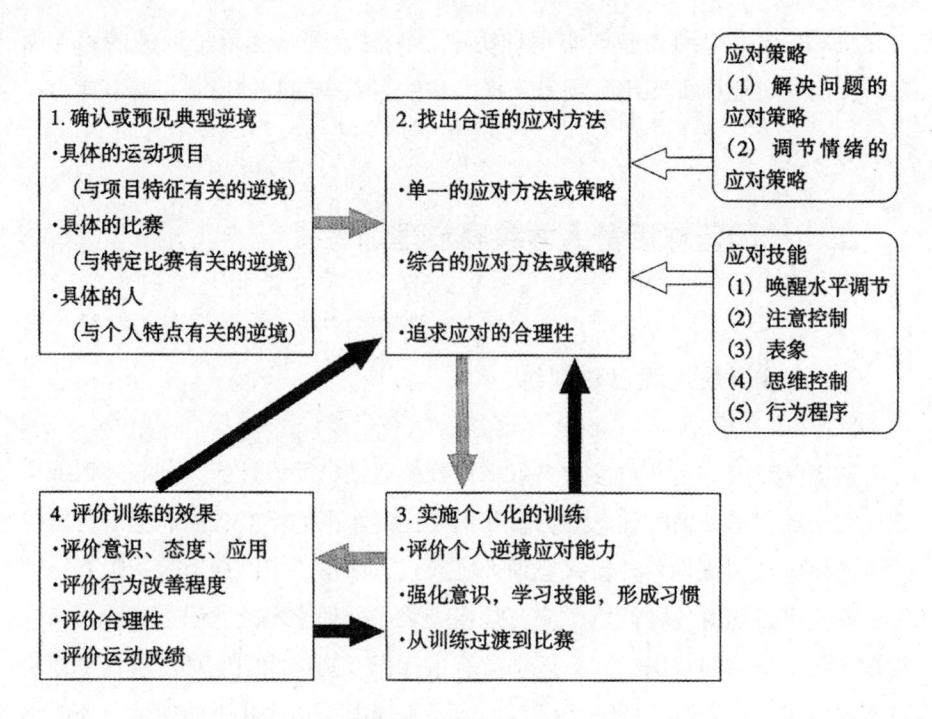

图6-1 逆境应对训练操作程序示意图[1]

比赛中的典型逆境与运动项目特征、比赛环境密切相关，因此可以将典型逆境划分为以下两种类型。

（1）与项目特征有关的逆境

比赛中的这类逆境既有参赛者个人遇到的逆境，也有球队共同面对的逆境，如学校篮球队在比赛中遇到的对手，采用了他们最难应对的全场人盯人战术。

（2）与特定比赛有关的逆境

有些参赛者在比赛中遇到的典型逆境是比较特定的，比如最害怕的对手出现在比赛中让其感到害怕，或者有些参赛者哪怕比分落后一分都感到

---

[1] 张忠秋.优秀运动员心理训练实用指南[M].北京：人民体育出版社，2007.

第六章　校园篮球后备人才体能与心理训练

紧张。

2.找出应对逆境方法

应对逆境的方法主要是指应对策略和技能，其中应对策略包括调整心态的策略、解决问题的策略、暂时回避的策略等；应对技能侧重于心理技能，以消除逆境为主要目的，如常见的方法有表象、思维控制、自我暗示、集中或转移注意力等。

确认典型逆境后，要以恰当的方法去应对逆境，可以采用应对策略，也可以采用应对技能，但一般会将二者结合起来运用。寻找应对逆境方法的过程是比较难的，而且应对方法是随时需要调整和更换的，有的应对方法一开始就没有起到作用，所以当即被替换；有些应对方法是在运用一段时间后才发现不合适，或者是随着逆境的变化而表现出不适应性，因而也要进行调整。此外，典型逆境的应对方法很多，学校篮球教练员与学生运动员可以自己创造方法，而不要一味局限于现有的技能与策略。

在逆境应对训练中，必须选择合理的方法去应对逆境，这里的合理表现在两个方面，一是对自身不合理的控制，二是善于利用对方的不合理。选择合理的应对方法时，需要对不同的应对方法进行对比分析，筛选最佳应对方法。

3.实施个人化训练

（1）评价逆境应对能力

在个人化训练的开始，要先评价训练对象应对逆境的能力，这方面的评价主要从三个维度展开，包括逆境出现之前对逆境的预见力；遇到逆境后对逆境的承受力以及应对逆境时对逆境的控制力。个人应对能力的评价方式主要有观察法、教练员评估法、问卷法等。

（2）强化意识，学习技能，形成习惯

①强化学生正确看待逆境的意识，使学生知道逆境在所难免，属于正常现象。

②使学生学习并掌握应对逆境的方法，并在实践运用中不断修正应对方法。

③培养学生面对逆境的自动化反应能力、积极思维能力、控制逆境的能力以及用实际行动解决逆境的能力，将发挥这些能力培养成为自动化习惯，

这是个人化训练的最高境界。学生在特定逆境中能够表现出这种习惯，以积极的方式去应对预见的或已经产生的逆境。

（3）从训练过渡到比赛

将逆境应对训练中掌握的逆境应对方法和形成的逆境应对能力运用到比赛中，在实战中对方法的可行性、实效性进行检验，并不断调整，促进良好应对习惯的形成与巩固。

4. 评价训练效果

（1）评价的维度

对意识的评价：学生是否树立了逆境是正常现象的意识；

对态度的评价：学生是否以积极态度去应对客观存在的逆境；

对应用的评价：学生在比赛中是否运用合理的方法去应对逆境以及应对效果如何。

进行以上三个维度的评价时，可采用的评价方式主要有观察法、教练员评估法、问卷法等。

（2）评价的内容

评价应对行为：当出现典型逆境时，学生的反应能力和应对行为是否有进步，并反映在良好的竞技表现中。

评价合理性：综合逆境应对方法本身的合理性与学生在比赛中使用专项技能的合理性来评价逆境应对效果，这就要求教练员积极参与逆境应对训练。评价时，要看学生采用的逆境应对方法是否与其使用的技战术一致，可以倡导学生大胆尝试和创新，只要能解决问题，不违背规则即可。

评价运动成绩：当评价学生的逆境应对训练效果时，要将其比赛成绩进步情况作为一项终极检验标准去检验，如果学生在典型逆境情况的赛事中运动成绩明显提升，则说明逆境应对训练效果好，反之则说明训练效果有待改进。

（二）参赛者不良心理的调节

1. 焦虑

焦虑是一种常见的心理反应，它与一般的心理反应相比，程度比较重，

第六章 校园篮球后备人才体能与心理训练

也就是"过度"。适当的焦虑有利于促进智力的激发、提升，促进身体活动成绩的改善。但如果过度焦虑，胡思乱想，思想悲观，注意力无法集中，会对正常生活造成严重影响。

运动焦虑是焦虑的特殊表现，指的是运动员在训练和比赛中，对当前的或预计到的潜在威胁情境产生的担忧倾向。在校园篮球训练和比赛中，学生过度的运动焦虑会对训练和比赛发挥造成不良影响，因此必须及时实施干预。参赛焦虑的主要干预方式如下。

（1）理性思考

当遇到焦虑情境时，学生应认真思考自己是否把事情想得过于严重了，面对这种情境，如果不一味悲观妥协，而是想办法处理，是否可以改变处境，使事情向着对自己有利的方向发展？如果可以，那么下次遇到类似的情境时就要以新的思考方式去想应对和处理的策略，换种思维方式可能会使自己"柳暗花明又一村"。

（2）通过想象缓解焦虑

对最担心比赛中出现的焦虑情境加以想象，体验这种焦虑的感觉，尝试与焦虑共存，尽管它会让自己觉得不舒服，但只要不危害生命健康即可。这种想象的方式能够使运动员仿佛置身于真实的焦虑情境中，然后做好应对的准备，心里有底，自信心就能够有效提升。

（3）写日记

学生养成写日记的习惯有助于减压，在日记中记录烦恼，从中发现压力来源，分析压力的类型，学会放下思想包袱，给自己减压，写完日记之后便会感到一身轻松。

2. 抑郁

抑郁的基本情感特征是低沉、灰暗，症状较轻者表现为心情烦闷、心烦意乱、消沉、郁郁寡欢、状态不佳；症状较重者表现为悲伤、绝望。当发现运动员有轻度抑郁症状时就要及时干预和疏导，以免症状加重，造成严重的后果。

（1）克服抑郁

教师或教练员在帮助参加篮球比赛的学生预防与克服抑郁困扰方面发挥着重要作用，教练员应在校园篮球后备人才心理训练中做好以下工作。

第一，正确引导学生调节自己的心理。

第二，对学生多加鼓励，提升其自信心。

第三，对学生乐观积极的人生态度进行培养和引导。

第四，帮助学生制订难度适宜的个人训练计划。

（2）抑郁的心理疗法

①合理情绪疗法

治疗抑郁的心理学方法中，认知心理治疗是非常有效的方法之一，其中就包括合理情绪疗法，具体就是引导抑郁症患者树立正确的信念，形成合理的思维方式，帮助其摆脱不良情绪的困扰，使其心境变得豁然开朗。在采用这一心理疗法时，要先与抑郁的学生进行面对面的交谈，然后对症采取行为矫正技术，对其错误的思考方式和不恰当的认知加以纠正，使其认识到自己所曲解的概念，最终改善其行为方式。

②支持疗法

支持疗法也是针对抑郁问题的一种常见心理疗法。心理咨询师运用丰富的心理学知识与抑郁者进行深入交谈，深入抑郁者的内心世界，了解并解决他们的心理问题，帮助患者减轻痛苦，使他们的人生态度、行为方式都发生积极改变。

采用支持疗法的一般程序如下。

首先，倾听抑郁个体的倾诉。

其次，对抑郁个体的错误认知和消极态度进行解释指导。

再次，对个体加以鼓舞。

最后，强调个体要发挥能动性，依靠自己的主观意识与意志力主动摆脱不良心理。

第七章　校园篮球后备人才技战术训练

篮球技战术是校园篮球后备人才的必备技能，熟练掌握并能够灵活应用各项篮球技战术，是篮球后备人才在比赛中的制胜法宝。因此，在篮球后备人才培养中，技战术训练与能力培养必不可少，应将其作为篮球训练的核心内容，在长期的系统训练过程中，可适当增加技战术训练的比例，并不断创造新的训练方法，提高训练效果。本章主要对校园篮球后备人才技战术训练进行研究，内容主要包括篮球技战术训练的系统化理论、校园篮球后备人才技战术意识的培养、篮球技术训练以及战术训练。

第一节　篮球技战术训练的系统化理论

一、系统科学理论

（一）系统

1. 系统的概念

关于系统的概念，不同专家与学者进行了不同界定，比较典型的界定方式有以下两种。

第一，我国系统专家钱学森指出："系统是由相互作用和相互依赖的若干组成部分结合成的，具有特定功能的有机整体。"[1]

第二，宋建在《中国大百科全书》中对系统的界定是："按一定秩序或因果关系相互联系、相互作用和相互制约着的一组事物所构成的体系，称为系统。"[2]

从上述系统概念的界定发现，系统是一个整体，它由诸多元素按一定逻辑关系和方式结合起来，随着各项元素的不断变化与调整，系统整体也不断演化发展。不同的系统有自身独特的属性、目标、价值及功能，这主要体现在其与其他系统和周围环境的互动中。

2. 系统的特征

概括而言，系统具有以下几项基本特征。

（1）整体性

系统最基本的、最主要的特征是整体性。系统是由诸多元素结合而成的一个整体，而不是单个元素简单相加的结果。系统的整体功能比单个元素的

---

[1] 姜元魁.论系统论视角下的篮球运动基本规律[D].山东师范大学，2003.
[2] 游贵兵.基于系统论视野下的现代排球运动战术理论研究[D].山东大学，2012.

第七章 校园篮球后备人才技战术训练

功能更强大,任何单一元素都不具备系统的整体功能。

(2)多元性

多元性是指系统的元素数量多且有不同的性质。系统是由单个元素或部件组成的,组成系统的元素在数量上最少两个,上不封顶,如果只有一个元素,就不能称之为"系统"。此外,组成系统的元素必须具有不同的性质,如果所有元素都是同一性质的事物,那么即使元素再多,也不能构成系统。

(3)有序性

有序性是指系统结构有序。系统结构的有序性是在系统全局范围内而言的,在系统范围内系统各元素在结构上有序排列或组合,它反映的是系统各元素或各部件之间的关系。组成系统的所有元素或部件是一个个独立的个体,本来是分散的,而组成系统之后,不同元素之间建立了联系,并相互影响。系统结构的有序性在一定时期内是相对稳定的。

(4)时空与功能的有限性

在系统的构成元素中,有些特殊元素处在边界上,它们对系统的存在、演变及运作有着重要的影响。每个系统都有自己的特征尺度和特征时间,特征尺度与系统存在的特殊空间范围有一定的关联。

3. 系统的组成

系统是由不同层次、不同性质的元素组成的一个整体结构,系统组成元素是研究系统结构与系统整体性的主要着眼点。系统的组成元素有哪些,哪些是基本元素,哪些是主要元素,哪些是次要元素,这都是在系统结构研究中要弄清的问题。

从系统这个整体来看,系统决定了其各组成元素的属性及功能。任何一个元素的变动又会使整个系统的运作发生变化,元素对系统的影响可以用"牵一发而动全身"来说明。元素的基本属性决定了其在系统中发挥的作用,不同性质的元素在系统中各自发挥着不同作用,系统中任何一个元素的作用都是必不可少、不可替代的。倘若某个元素的作用对系统整体没有影响,可以被替代,那么该元素就没有存在的意义了,应该从系统中清除这类没有价值的元素。

系统的组成元素多种多样,有些元素在很大程度上影响着系统整体的性质与功能,甚至起决定性影响,我们将这些主导性的关键元素称为系统的

"要素"。什么样的元素可以成为系统的要素，要根据元素所能发挥的作用及其对系统整体的影响程度来判断。不同元素对系统的重要性都是相对而言的，元素和要素能够相互转化，对系统有重要意义的元素可以转化为要素，而当系统的结构、性质或其与周围环境的关系发生变化后，原来的要素也可能重新成为普通的元素，而原来的普通元素则转化为要素。

4.系统的功能

系统所具有的和能够发挥的积极作用就是所谓系统功能。系统功能大小、功能的发挥程度直接由系统的元素尤其是要素决定。

系统的功能大小与系统自身的规模密切关联，当系统结构处于优化状态时，系统的功能与其本身的规模呈正相关关系，即系统功能随系统规模的扩大而扩大。

当系统规模不变时，系统功能的大小又与系统自身结构的优化程度直接相关，即系统结构越合理，系统功能越大。

在实际运用中，为了有效发挥系统功能，还必须明确系统选择的目标性。因为系统的作用和用途是相对于特定目标确定的，当目标改变时，系统应该随之而变，选择正确的系统模式，这样，系统的最大功能才会得到最大程度发挥。系统模式选择之后，关键是选择适宜的时机。

如果将系统比作一名成功的运动员，那么系统会经历一个"正态分布"过程，系统在不同阶段所发挥和表现的功能就不同。在发挥系统功能时，只有抓住时机，才能达到事半功倍的效果。此外，系统功能的发挥除了受系统内部因素（元素和系统结构）影响之外，还受系统外部因素（外部环境）的影响。[①]

（二）系统论

系统论是马克思主义哲学在系统科学领域的具体化，在系统科学领域发

[①] 刘小莲，姜元魁，江明世.论系统论视角下的篮球运动基本规律[J].山东体育学院学报，2005（05）：97-98，101.

第七章　校园篮球后备人才技战术训练

挥着世界观和方法论的作用。系统论是人们从哲学视角理解与概括系统基本原理和方法后形成的观点体系,它既有相对独立性,又包含在系统科学体系中。

系统论揭示了世界的系统整体性,并认为系统整体性是世界统一性的表现形式之一。系统论从系统及其结构、层次与功能等方面的统一性这一角度回答了世界是什么、怎么样的问题,并进一步揭示了世界的统一性还表现为世界的演化发展等诸多现象。系统是系统科学的中心概念,是构造系统论的最基本、最重要的范畴。系统概念浓缩了系统论的精华,是系统论的精髓和内核。[1]

二、篮球运动系统

从系统论的角度审视篮球运动系统,可以将篮球运动系统概括为由相互联系、相互作用的篮球运动要素所组成的具有一定结构和功能的有机整体。篮球运动系统具有多元性和相关性。篮球运动系统的组成元素相互之间密切联系、相辅相成。

下面从广义和狭义两个层面认识篮球运动系统。

(一)广义的篮球运动系统

在广义层面上,篮球运动系统包括篮球教学系统、篮球训练系统、篮球竞赛系统和篮球管理系统四个组成部分。

1. 篮球教学系统

篮球教学系统包括各级各类学校开展的篮球教学,具体由篮球教学目

---

[1] 卢聚贤.从系统论"整体观"视角探讨竞技体育后备人才培养新途径[J].当代体育科技,2021,11(12):201-204.

标、教学内容、教学方法、教学评价、教学管理等要素组成。

2. 篮球训练系统

篮球训练系统既包括国家高水平篮球队、地方篮球队以及职业篮球俱乐部的训练，也包括学校篮球运动训练和社会业余篮球训练。篮球训练系统具体由篮球体能训练、技战术训练、心智能训练及其他训练等要素组成。

3. 篮球竞赛系统

篮球竞赛系统既包括国际、国内的篮球比赛，也包括职业篮球比赛、学校篮球比赛和业余篮球比赛，其具体构成因素主要包括竞赛机构、参赛运动队、新闻媒体、志愿者、医疗团队等。

4. 篮球管理系统

篮球管理系统主要包括篮球管理机构、篮球各类资源管理、篮球管理制度与方法等要素。篮球运动管理贯穿于其他三个系统中，加强对篮球运动教学、训练、竞赛的统筹管理，有助于促进各类篮球文化的平衡与全面发展，推动我国篮球事业进一步发展壮大。

（二）狭义的篮球运动系统

狭义的篮球运动系统专指篮球竞赛系统，篮球竞赛是篮球运动表现形式中最具魅力和最有活力的一种形式，能够最大程度地体现出篮球运动的价值和魅力。篮球竞赛反映了篮球运动队、运动员的综合竞技能力，能够检验篮球运动员和整个球队在篮球体能、技战术及心智能等方面的训练效果。

狭义的篮球竞赛系统主要由篮球教练员、运动员和裁判员，篮球规则与裁判法，篮球技战术，篮球比赛环境以及篮球比赛结果反馈等要素组成。从篮球运动系统的基本要素出发，可以这样定义与理解篮球运动竞赛：篮球运动竞赛是在篮球裁判员、教练员、球员适应环境的前提下，由裁判员发挥主导作用，以篮球竞赛规则和裁判法为依据，对教练员和场上球员的活动进行调节、控制和管理，从而实现篮球竞赛目的的活动过程。

第七章　校园篮球后备人才技战术训练

三、篮球技战术训练系统

在广义篮球运动系统中提到，篮球运动训练系统包括各种类型与规模的篮球运动训练，无论是什么类型的篮球运动训练，都是由身体素质训练、技术训练、战术训练以及心智能训练组成的。其中篮球技术训练和战术训练是最为核心的要素。下面简要分析篮球技术训练系统和篮球战术训练系统。

（一）篮球技术训练系统

篮球运动员在比赛中为完成攻守任务而采用的所有专门动作统称为篮球技术，具体包括各种移动动作（无球动作）、控球进攻技术（传接球、运球、投篮等）和争夺球的防守技术（抢球、断球、抢篮板球等）以及各种技术动作的组合。篮球技术是篮球运动训练的核心，在训练过程中要把握与协调好各项技术的技术环节、技术细节以及技术基础，提高技术训练质量。

（二）篮球战术训练系统

篮球战术是篮球比赛中进攻队员之间协同行动和防守队员之间协同行动的方法，其目的是发挥本方技术与优势，限制对方进攻或防守，争取比赛主动权，尽快投篮得分，取得最终胜利。一般来说，运动战术主要包括战术基础、战术知识、战术原则、战术结构、战术意识、战术观念等要素，这些构成了战术训练的主要内容，在篮球战术训练中要结合这些要素进行全面训练，并根据篮球运动的特点明确主要因素和次要因素，从而进行更有针对性与侧重点的训练。

四、系统科学理论对篮球技战术训练的启示

（一）树立系统训练理念

系统论要求在篮球技战术训练中对整个训练过程、各个训练阶段、各项训练内容以及各种训练方法进行科学、合理、高效的安排。篮球技战术训练本身是比较复杂的系统，不仅涉及技术和战术本身，还涉及体能、心理和智能等诸多相关因素，所以必须从整体视角出发有计划地设计与规划技战术训练，明确目标，合理布局，提高全局效果。在制订技战术训练计划时，要保证定量分析的精确性，合理安排训练顺序与各部分内容的比例，并提出严格的训练要求。

篮球技战术训练是有组织、有目的、有计划的训练过程，是从数量积累过渡到质量提升的过程，是在反复不断的实践中形成自动控制训练模式的过程，在整个过程中要做好对各项训练因素的规划与管理。

篮球运动队的建设、训练与发展是一个复杂过程，教练员必须树立系统观、整体观和全局观，从整体的角度思考如何培养优秀篮球运动员，如何提高篮球运动员的技战术能力和比赛能力，如何持久保持球队的旺盛生命力，如何使球队获得可持续发展，并在高水平赛事中不断取得新的突破。从整体视角出发思考这些问题，加强宏观管理与调控，从微观着手各项训练与培养工作，从而促进篮球队的长远发展。

（二）确定训练系统，制订训练计划

在系统论指导下开展篮球技战术训练工作，要从运动员的运动能力、体能素质、技战术水平以及个体差异出发，并结合篮球专项特征和预期训练年限而将训练系统确定下来，并制订科学可行的长远训练计划及各阶段训练计划，在每次训练课中合理安排训练内容、采取有效训练方法，逐步落实各项计划，实现阶段目标。

篮球技战术训练系统由诸多子系统构成，只有合理排列各个子系统，才

第七章 校园篮球后备人才技战术训练

能使整个系统的发展达到最佳效果。从运动技能训练的一般规律出发，在篮球技战术训练中应该以体能训练为基础，然后再进行技术和战术训练，技战术训练要结合实战进行，同时在技战术训练中也要融入心理和智能训练。

（三）有效处理各系统之间的关系

在篮球技战术训练系统中各子系统之间以及子系统中各要素之间都是密切联系、相互作用的。因此，在篮球技战术训练中要兼顾每个子系统，可以有所侧重，但不能忽略任何一个子系统，要促进各系统的协同运作与共同发展，从而全面提升篮球运动员的体能素质、技战术能力，并强化篮球运动员的思想作风与体育精神，培养全面发展的优秀篮球运动员和打造实力强劲的篮球运动队。

（四）正确处理训练与比赛的关系

篮球比赛是彰显篮球运动员技战术能力的窗口，是检验篮球队技战术训练效果的重要手段。对篮球运动员而言，进行篮球技战术训练的最终目的就是提高比赛能力，在比赛中有好的表现，取得优异成绩。优秀篮球运动员在比赛中的所有突出表现以及最终取得的胜利是长期坚持训练的结果，没有长期系统的训练，就没有比赛的胜利。

需要注意的是，篮球训练成绩和篮球比赛结果之间不能画等号，运动员在比赛中的表现和最终的比赛结果除了受自身运动技能因素影响外，还受到团队协作、对手实力、周围环境等因素的影响。因此，篮球运动员要在比赛中取得好成绩，既要加强全面系统的训练，保持最佳竞技状态，又要重视与队友的配合，并提升自己的临场应对能力以及环境适应能力，这些都应该作为日常训练内容，这样，才能将篮球运动员的运动技能转化为团队集体比赛的能力。

第二节　校园篮球后备人才技战术意识的培养

篮球技术与战术密不可分，要培养校园篮球后备人才的战术意识，首先要培养其技术意识，这是基础与前提。技战术兼备意识对校园篮球后备人才的发展具有重要意义。

一、篮球技术意识的培养

对技术运用意识的培养应始终贯穿于校园篮球后备人才技术训练的全过程，篮球技术具有目的性、预见性、隐蔽性及灵活性，应将这些特性融入从篮球初级训练到高级训练的整个过程中，重视培养篮球后备人才的基础意识，以在实践中更好地运用各项技术动作。在篮球后备人才的技术训练中，要强调树立攻防兼备意识，如在校园篮球防守技术训练中，应使学生想到成功防守后紧接着要做的动作，并能够迅速衔接，及时转换；在篮球进攻技术训练中，要对学生的持球进攻技巧进行培养，并使其清楚在不持球时的跑位及如何抢占有利位置，使其配合有球队员，并做好进攻失误后转入防守的准备，在不断的练习中熟能生巧，使技术衔接形成习惯，并为战术意识的培养奠定基础。

二、篮球战术意识的培养

培养战术意识是为了服务于实战，在培养集体战术意识前，要先培养个人战术意识，并将集体战术的潜意识培养渗透进去，传播先进的战术意识，为集体战术水平的提高打好基础。

第七章 校园篮球后备人才技战术训练

在集体战术培养中，要重视攻守兼备意识的形成与提高，在进攻战术的教学与训练过程中，结合防守战术进行练习，在防守战术训练中，融入进攻战术的训练意念，促进篮球后备人才防守能力的提高，使进攻与防守的矛盾向深度发展，这种带有双重目的的反复训练能够使训练效果实现质的飞跃。

第三节 校园篮球后备人才技术训练

一、移动技术训练

（一）训练建议

（1）在移动步法练习中，要先练基本站立姿势，然后练起动方法和各种攻守性的移动步法。

（2）在移动步法练习中，先放慢速度练习，使学生对动作方法、动作重难点以及动作细节予以体会，然后向正常速度的步法练习过渡。

（3）学生将各种移动步法全面掌握后，要在攻守对抗练习中运用移动步法，提高移动技术的运用能力。

（4）将身体素质训练与移动步法训练结合起来，尤其要加强下肢力量与柔韧性、灵敏性的训练，同时将移动步法与基础技战术结合起来进行训练。

（二）训练方法

1. 起动快跑的练习

（1）基本站立姿势，看信号起动快跑。

（2）原地起跳落地，看信号起动快跑。

（3）原地前后转身，看信号起动快跑。

（4）原地小碎步跑，看信号突然起动跑。

2.跳的练习

（1）助跑两三步后，单脚或双脚起跳。

（2）助跑单脚起跳后手摸篮板、篮圈。

3.急停的练习

（1）慢跑3~5步后跨步急停。

（2）跨步急停折回跑。

（3）跨步急停折线跑。

（4）基本站立姿势，走两三步后跨步急停。

4.转身的练习

（1）快跑中连续后转身。

（2）基本站立姿势，向左右做后转身180°和270°练习。

（3）起跳落地，向左右做前转身180°起动跑练习。

（4）快跑跨步急停后，向左右做后转身180°起动快跑练习。

二、运球技术训练

（一）训练建议

（1）在运球训练中，先练习原地运球的方法，然后进行关于行进间运球、变向运球、运球转身的动作练习。

（2）在运球练习中关键要让学生自主体会手对球的控制能力。要多进行球感练习，使学生能够很好地控制球。

（3）运球技术练习中强调身体姿态准确、按拍球的部位准确、球的落点适宜、手脚协调配合、手能灵活支配与控制球。

（4）学生将基本运球技术掌握之后，指导学生在运球练习中融入假动作，并将运球技术与其他基本技术结合起来练习，对学生运球时的应变能力

第七章　校园篮球后备人才技战术训练

进行培养。

（5）练习时将左手运球练习和右手运球练习结合起来，提高非优势手的控球能力。

（6）制造干扰环境，使学生在干扰环境中运球，如安排对手堵截、抢断，从而培养学生的抗干扰能力。

（二）训练方法

（1）原地做高运球、低运球训练。
（2）左、右手交替在体前做横向运球训练。
（3）在行进间连续做各种运球变向训练。
（4）全场一对一攻防训练。
（5）对抗运球训练。

三、传接球技术训练

（一）训练建议

（1）在传接球技术训练中，要重点练习的技能有双手胸前传接球、单手肩上传球、双手头上传球等。

（2）将熟悉球性练习与传接球练习结合起来，培养学生对球的感应、支配及控制能力。

（3）在传接球练习的组织中，先安排原地练习，待学生将传接球动作方法准确掌握后，再结合移动步法进行移动中传接球练习，然后将传接球与其他技术结合起来进行综合性练习。

（4）在接近实战的环境中进行传接球练习，培养学生的实践应用能力和应变能力。

（二）训练方法

（1）原地双手持球基本姿势的练习。

（2）原地徒手双手持球动作的模仿练习。

（3）两人一组一球，距离4米逐渐扩大到8米，然后再从8米逐渐缩小到4米，用双手胸前传、接球。

（4）两人一组一球，两人四只手共持一球，一人做传球动作，一人做接球动作，两人的手都不离开球，像拉锯一样一传一接连续做。

（5）全场三人传接球练习。每传一次球都要通过中间人。在3人传球推进的过程中，要保持好三角队形，中间练习者稍后，两边练习者在前。

四、持球突破技术训练

（一）训练建议

在持球突破技术训练中，要先将技术的重要性、技术动作的结构特点讲清楚，使学生理解整个技术过程中各个动作环节的内在联系，而且还要使学生清楚竞赛规则中对持球移动的要求和限制条件。持球突破包括交叉步突破和同侧步突破，先练前者，再练后者，学生将持球突破技术掌握好之后，再将其与其他技术结合起来练习，从而提高在篮球实战中综合运用传球、投篮和突破等技术的能力。

在具体训练过程中，将分解练习与完整练习结合起来。学生掌握持球突破的各个动作环节后，基本能够连贯完成完整的持球突破技术，虽然细节上可能有瑕疵，但基本不影响动力定型的初步形成。此时就可以对动作细节提出要求和加以强调了，使学生主动分析与思考持球突破动作，观察学生对整套动作的完成情况，指出并纠正不合理的部分，指导学生反复练习，不断巩固动力定型，使学生的突破动作更加精确、协调，并能很好地达到细节方面的要求，促进动作自动化的初步形成。

第七章　校园篮球后备人才技战术训练

在技术动作形成的自动化阶段，要引导学生主动思考与探讨持球突破技术动作的力学原理，从而使学生更加深入地认识突破动作的内在联系，进一步巩固动力定型，提升持球突破动作的自动化水平。

（二）训练方法

（1）一对一持球突破结合跳投或行进间投篮训练。进攻者进攻失球后，两人攻守交换。

（2）原地持球突破训练。队员分布在半场内，以篮圈为目标，模仿突破的脚步动作。

（3）突破防守行进间投篮训练。

（4）持球突破行进间投篮训练。持球队员在罚球线处站立，突破后运球行进间高手或低手投篮，然后自己抢篮板球排至队尾，依次训练。

五、投篮技术训练

（一）训练建议

1.建立正确的动作表象

在投篮技术训练中，利用直观教具如图片、录像和示范动作进行投篮技术动作的正确演示，并配合必要讲解，使学生深刻认识投篮技术的重要意义，并清楚了解投篮的动作结构，对各种投篮的动作特点、运用技巧做到心中有数。经过示范后，学生进行徒手投篮练习和持球投篮练习，建立正确的动作表象，形成正确的投篮运动感觉。

2.掌握动作，形成正确的动力定型

在投篮初步学习与训练中，学生可以在简化条件下重复不断地练习，促进正确技术动力定型的快速形成。

例如，在原地单手肩上投篮训练中，起初要把投篮的主要环节把握好，集中练习拨球动作，要求前臂伸展、手腕弯曲、手指用力，刚开始不严格要求动作细节，经过反复不断的练习，使学生对基本投篮手法有准确的掌握，然后再提出不同动作环节的要求，完整练习整个投篮动作。

经过重复练习，基本掌握完整动作后，再进行变换练习，主要对练习的组织形式和条件进行调整，在变化的条件下练习，从而对投篮技术加以巩固和完善。

3.循序渐进地练习

投篮技术有多种，在投篮训练中，要先练习基本的投篮技术，然后练习比较复杂的技术，最后练习组合技术。按照循序渐进的原则进行训练，正确练习顺序为原地单手肩上投篮→行进间单手低手投篮→原地跳起单手肩上投篮→投篮与其他技术的组合。

（二）训练方法

（1）原地模仿跳投训练。

（2）两人一组一球，相距4~5米对投训练。

（3）自抛自接球后做急停跳投训练。

（4）运球做行进间单手高手、单手低手投篮训练。

（5）在传、接球中做急停跳投训练。

（6）运球、传球、投篮组合训练。

六、抢篮板球技术训练

（一）训练建议

（1）向学生说明在篮球比赛中抢篮板球技术的重要性，对学生的积极拼抢意识和主动精神进行培养。

（2）在抢篮板球技术训练初级阶段，要先进行分解练习，将原地起跳、抢球作为分解练习的重点，然后向完整练习过渡，将移动抢位、挡人、起跳抢篮板球连贯起来进行练习，然后练习难度逐渐增加，创造对抗性环境，在对抗中练习，培养学生在实战中运用抢篮板球技术的能力。

（3）在训练中强化学生的"冲抢"意识和"挡抢"意识，从而使学生主动抢进攻篮板球、抢防守篮板球，在攻守对抗条件下进行抢篮板球练习。

（4）将抢篮板球技术与其他技术结合起来练习，如抢进攻篮板球与投篮、补篮的结合，抢防守篮板球与突破技术、接应技术的结合。

（5）将抢篮板球技术训练与专项体能训练结合起来。

（6）将抢篮板球技术与篮球战术结合起来进行练习。

（二）训练方法

（1）持球向篮板或墙上抛球，做上步起跳的动作，在空中用单手或双手抢反弹回来的球。

（2）学生以两列横队站立，听口令原地徒手双脚起跳，进行单手与双手抢篮板球的模拟练习。

（3）两人一组，站在篮下两侧，轮流跳起在空中用双手将球托过篮圈，碰板后传给同伴，须跳到最高点时托球，连续托球15～30次。

（4）学生站成两列横队，每人一球，向头上抛球后起跳，用双手或单手做空中抢球训练。

七、防守技术训练

（一）训练建议

1. 树立积极防守的意识

首先使学生从思想上认识防守的重要性，改变重攻轻守、被动防守的传统思想和观念，坚定防守的决心，在比赛中积极采取防守行动，争取顺利转守为攻。

2. 个人防守要以防守基本姿势与基本步法为基础

在个人防守技术练习中，要先使学生掌握正确的基本防守姿势，在正确姿势、身体平衡的前提下快速移动，积极防守。在防守步法练习中，要与综合性的身体素质训练结合起来，使手脚协调配合。

3. 先练习防有球队员，再练习防无球队员

先进行防守有球队员的练习，再进行防守无球队员的练习，最后结合实战对学生的防守技术能力进行检验。

防守有球队员：练习内容包括防原地传球、投篮、防运球、突破、跳投。

防守无球队员：步骤如下。

（1）进行球动人不动的防守练习，使学生学会根据球的位置对有利的防守位置和距离进行合理选择。

（2）进行人动球不动的防守练习，使学生通过对对手移动的观察和判断，快速完成对有利防守位置的抢占。

（3）进行人动球动的防守练习。

（二）训练方法

1. 防无球队员训练

（1）两人一组，要求进攻者离篮6米左右，防守者传球给进攻者后立即对其进行防守。进攻者则利用投突结合动作进行进攻。练习一定次数或防守成功一定次数后，攻守双方交换。

（2）防投切选位练习。两人一组，要求进攻者原地只做投切结合动作；防守者快速移动，及时调整重心、步法，做好防投防突的选位练习。

2. 防有球队员训练

（1）接球时的打球练习。两人一组，相距1.5米。要求持球人做传球动作后，另一队员立即上步打球，二人轮流练习。

（2）三人一组，两无球队员相距1米，第三人于中间持球向两侧摆动，两侧无球队员根据球的部位，及时抢球。然后持球者逐步改做转身跨步和摆

脱护球动作，另两名队员伺机抢球。完成一定次数后，攻守交换。

（3）正面打运球者的球的练习。在半场或全场一攻一守的练习中，防守者紧紧跟随运球者。当球刚从地面弹起时，突然打球，两人轮流攻守练习。

（4）抢篮板球下落时的打球练习。两人一组站在篮下，一人将球抛向篮板，另一人跳起抢篮板球。当抢到球后下落转身时，投球人立刻打球。两人轮流进行练习。

八、不同位置攻守技术训练要点

（一）进攻技术训练要点

1. 前锋进攻技术训练要点

篮球比赛中前锋位置指的是罚球线延长线两侧区域。前锋球员有比较广阔的活动范围，在自己的队伍中担任重要的攻守角色，与队友配合完成重要的攻守任务。前锋队员的进攻区域可以是外围，也可以是篮下。这一位置的球员也是球队得分的主要人物，有时配合队友得分，他们还是积极拼抢篮板球的重要角色。前锋队员在比赛中角色的重要性和攻守的特点决定了其必须有高大的身材、良好的力量、速度及弹跳力等身体素质，而且要全面掌握篮球技术，并形成自己的特长，只有符合条件的前锋队员才能在比赛中更好地发挥自己的价值，完成重要的攻守任务。

活动范围广是篮球比赛中前锋位置的一个重要特征，这个特征对前锋队员的技术能力提出了非常高的要求，尤其是投篮技术能力，包括中、远距离投篮和篮下投篮，同时要求前锋队员善于运球突破，并能主动向同伴传球，善于掩护同伴，与同伴配合，制造良好的进攻时机。

在前锋进攻技术训练中，要注意以下几点。

（1）结合移动步法，加强原地摆脱、空切接球等技术训练，使前锋球员能够顺利摆脱防守。

（2）前锋队员要善于运用传球、运球转身、灵活移动步法等与对手造成

"时间差"或"位置差",从而顺利摆脱防守,抓住机会快速投篮。

2.中锋进攻技术训练要点

在篮球比赛中,中锋球员有其特定的位置和活动范围,这也是"中锋"名称的由来。中锋的活动区域主要是离篮5米以内的范围,这一地带往往存在着激烈的攻防对抗,因此中锋球员责任重大,要将内线攻守的任务很好地完成,在进攻中要积极拼抢,争取得分,同时也要配合队友完成集体攻守任务,并创造机会使同伴进攻得分。一个篮球运动队的实力强弱一定程度上反映在中锋球员的技术水平上。

中锋进攻技术训练要侧重于以下内容。

(1)传球

整个篮球运动队进攻配合的枢纽就在于中锋,所以中锋队员要能够通过传球将内线和外线队员连接起来,提升集体配合进攻的战斗力。中锋接球后,周围会有防守队员和本队接应队员集中于此,这时中锋要快速观察周围情况,选择合适的传球方式向接应的队友传球,这便对中锋的传球能力提出了较高要求,具体要熟练掌握与运用各种传球技术,要善于使用假动作,隐蔽真实传球意图。中锋队员必须根据同伴的接应位置和时间快速移动,给同伴及时准确地传球。

中锋将后场篮板球成功抢到后,快攻第一传必须要迅速完成。所以当其在空中夺球后要及时朝前场转身,迅速观察场上情况,准确判断,及时向接应队员传球。

(2)移动抢位与接球

对于中锋队员来说,移动抢位、接球是最为重要的技术。中锋能否熟练移动抢位,直接决定了本队能否在攻守对抗中获得主动。中锋的移动步法必须积极快速,且灵活多变,在与对手发生身体接触时,一定要合力对抗,将对手摆脱,在合适的位置上顺利接球。此外,中锋与同伴要密切配合,成功传球,并将下列两个起动时机掌握好。

第一,当同侧同伴接到球时,要迅速起动,对有利位置积极抢占。

第二,当异侧同伴突破时,要突然向空位移动。

(3)投篮

中锋位置的特殊性对中锋队员的投篮意识和强攻能力提出了非常高的要

第七章　校园篮球后备人才技战术训练

求。内、外中锋站位不同，所以要侧重掌握不同的投篮方式。

对内中锋来说，跳投、转身跳投、勾手投篮和补篮是要重点掌握的投篮技术。对外中锋来说，跳投、勾手投篮是要重点掌握的投篮技术。

要想成功投篮，必须将投篮时机掌握好，中锋队员要充分掌握好以下投篮时机。

第一，中锋接应队员时对攻防位置要进行准确判断，加快动作速度，制造"时间差"，争取良好的投篮机会。

第二，持球的中锋队员结合其他技术动作如跨步、运球、传球等制造时间差与空间差，为本队争取投篮机会。传球时可结合假动作来隐蔽传球意图，要虚实结合，使对方不易识破。

3. 后卫进攻技术训练要点

后卫队员是一个球队的核心队员，其作为临场比赛的组织者和指挥者，肩负着对全队攻守行动进行组织的重要职责，这便对后卫队员提出了以下要求。

第一，头脑机智灵活，行动果断，遇事不慌。

第二，观察和判断力好，篮球意识强，组织能力佳。

第三，速度素质和灵敏素质好。

第四，全面掌握篮球技术，控球能力好。

第五，能将比赛节奏把握好，有斗志，组织全队有效完成攻守任务。

在后卫进攻技术训练中，要侧重于以下内容。

（1）传球技术

后卫队员组织进攻时，必然要采取传球技术。所以后卫队员要将各种传球方法熟练掌握，而且对战术配合中的进攻机会要非常熟悉，对同伴的进攻特点要非常了解。这样才能及时准确地给同伴传球。

（2）运球和突破

后卫队员对球的支配与控制、对防守的摆脱以及对战术配合的组织都离不开运球和突破技术。当持球队员被防守者严防死守，没有机会传球时，要边运球边寻找机会传球或投篮；当防守队员在全场展开紧逼防守时，持球者要伺机运球突破，运球时对场上情况进行观察，抓住时机及时向站位有利的同伴传球。

（3）投篮

后卫队员必须掌握外围3分投篮技术，这是直接得分的重要手段。3分投篮也会使防守方的防守区域扩大，从而为内线队员争取机会，使全队更加灵活地运用战术。

（二）防守技术训练要点

不同位置的球员在防守时除了要遵守共性要求，还要根据自己的位置特点遵守特殊的要求。中锋队员的防守与后卫队员的"领防"显然是有区别的，要使学生将不同位置的防守技术掌握好，可以对进攻者的移动路线、方位进行限定，对具体位置的防守技术不断进行强化。

1. 前锋防守技术训练要点

在篮球比赛中，前锋队员要重点掌握的防守技术是防守对方的摆脱传接球、投篮和突破。

前锋队员在防守技术训练中要注意以下几点。

首先，仔细观察，对持球者的进攻意图进行判断，从而根据判断进行积极防守。

其次，防守时要对有利位置积极抢占，防守持球者的同伴接球。

最后，要将身体部位合理运用起来，对对方的传球、投篮、运球突破进行干扰和堵截。

2. 中锋防守技术训练要点

中锋在篮下防守，篮下存在着非常激烈的攻守争夺。防守方的中锋不仅要对进攻方的中锋进行防守，还要随时做好对同伴加以协助的准备，以完成补防。所以中锋防守时要满足的要求是开阔视野，准确判断，迅速移动，对有利位置进行抢占，做好补位协防工作。

中锋防守技术训练要注意以下两点。

（1）选位

阻止进攻中锋在限制区接球是防守中锋的首要防守任务。因此，中锋必须兼顾"球—我—他"来合理选择防守位置，在合适的位置上防守，可以减少或阻止对方中锋接球。

（2）移动和手臂动作

中锋要抢占有利防守位置，就必须掌握各种移动步法，如滑步、上步、绕前步和撤步等。中锋在防守过程中，要对对方的传接球进行干扰和阻断，就要善于张开手臂占据空间位置，不管是防守有球一侧还是无球一侧，抑或是移动中对对手空切加以防守，都应如此。

3.后卫防守技术训练要点

在全队防守中，后卫防守位于前沿，要防守较大面积的区域。这就对后卫的移动技术提出了较高要求，移动必须快速灵活，先仔细观察、准确判断，然后移动到有利位置。后卫不仅自己的防守能力要好，还要善于配合同伴进行防守，并能够对全队防守行动加以组织与指挥。

第四节　校园篮球后备人才战术训练

一、快攻战术训练

快攻是由守转攻时采用的战术方式，常见的形式有三种，分别是长传快攻、运球突破快攻以及短传结合运球突破快攻，分别如图7-1、图7-2和图7-3所示。

完整的快攻包括发动和接应、推进以及结束共三个阶段。下面分析各个阶段的训练方法。

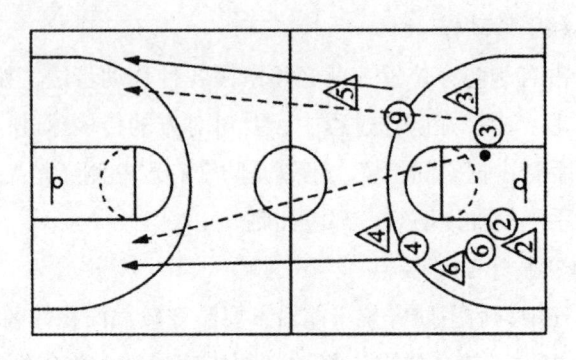

图7-1　长传快攻配合示例[1]

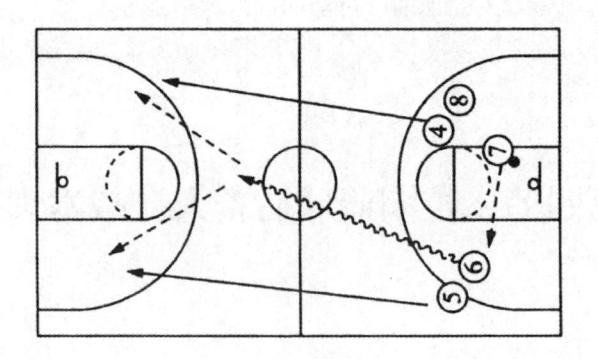

图7-2　运球突破快攻配合示例

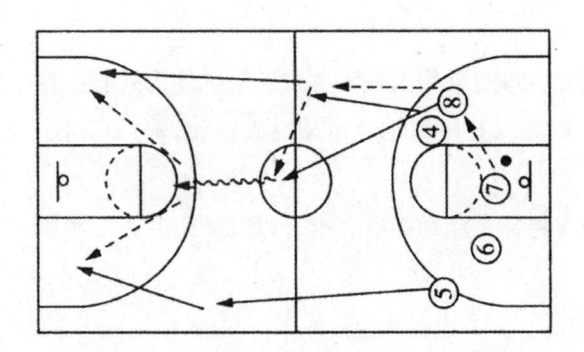

图7-3　短传结合运球突破快攻配合示例

---

[1] 于平，王厚民.篮球运动[M].合肥：合肥工业大学出版社，2014.

第七章　校园篮球后备人才技战术训练

（一）快攻第一阶段的训练

1. 抢后场篮板球后的发动、接应练习

（1）目的

①培养与强化拉边接应的意识。

②提高快攻的技术能力。

（2）方法（图7-4）

三人一组，⊗投篮未中，其余两人抢篮板球，无论谁抢到，都要快速发动快攻，向拉边接应的另一人传球，二人配合进入前场上篮。三人互换位置反复练习。

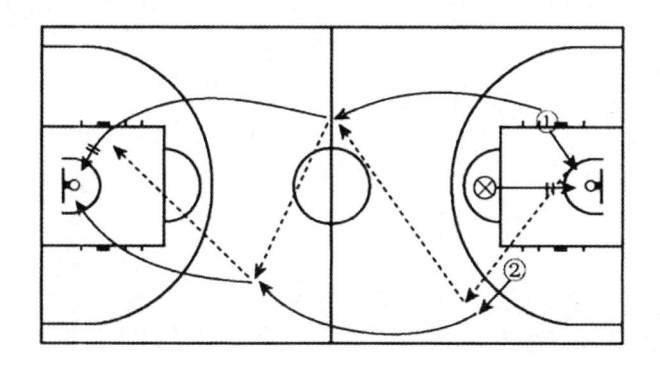

图7-4　抢后场篮板球后的发动、接应[1]

2. 抢后场篮板球长传快攻

（1）目的

①提高长传球和接长传球的技能水平。

②强化抢篮板球后的反击意识。

（2）方法（图7-5）

三人一组，⊗投篮，①在篮下积极抢篮板球并长传给②，②接球上篮，

---

[1] 于振峰.现代篮球战术学练设计[M].北京：高等教育出版社，2013.

①抢篮板球或补篮。三名队员互换位置反复练习。

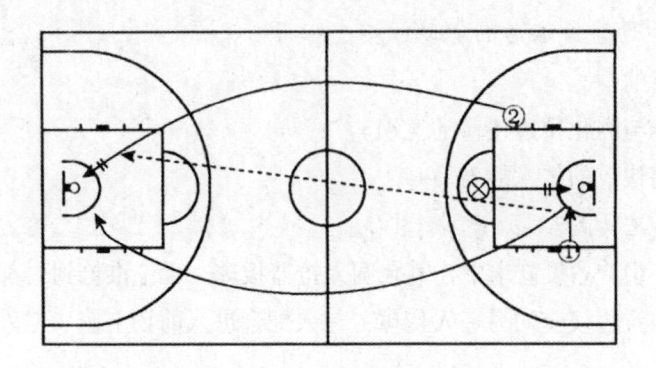

图7-5　抢后场篮板球长传快攻

（二）快攻第二阶段的训练

1. 二人边线或中线短传推进

（1）目的

提高推进意识及移动中传接球的准确性。

（2）方法（图7-6）

二人直线快速传接球至篮下投篮。

2. 三人短传快攻推进

（1）目的

提高推进意识及移动中传接球的准确性。

（2）方法（图7-7）

三人直线向前场快速传球推进至篮下投篮，然后用相同的方法返回。

第七章 校园篮球后备人才技战术训练

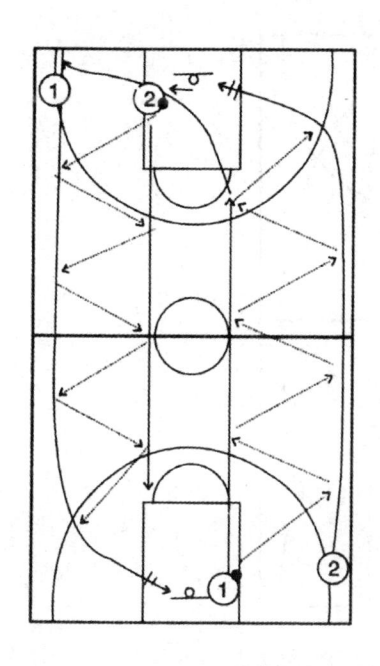

图7-6 二人边线或中线短传推进

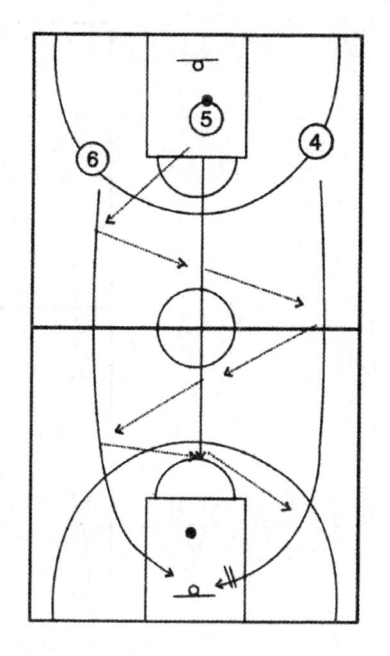

图7-7 三人短传快攻推进

3.边线接应，中路运球三线推进

（1）目的

①培养与强化边线接应的意识。

②增强推进意识和运球能力。

（2）方法（图7-8）

④抢篮板球，迅速给①传球，①再快速向插中的②传球，②从中路快速运球推进上篮，①和④沿边线快下做好接球准备。

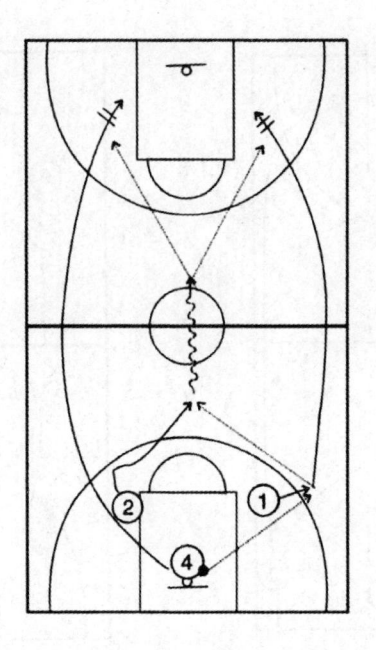

图7-8 边线接应，中路运球三线推进

（三）快攻第三阶段的训练

1. 二攻一

（1）目的

促进二攻一能力的提升。

（2）方法（图7-9）

⑤运球进入前场，遇到△的堵截时给④传球，④接球投篮。△抢篮板球。△和△与④和⑤互换位置继续练习。

2. 全场二攻二

（1）目的

①提高局部配合的熟练度。

②培养快攻反击的意识和能力。

（2）方法（图7-10）

④和⑤在中线配合进攻，△、△进行堵截，④或⑤投篮后，△或△抢

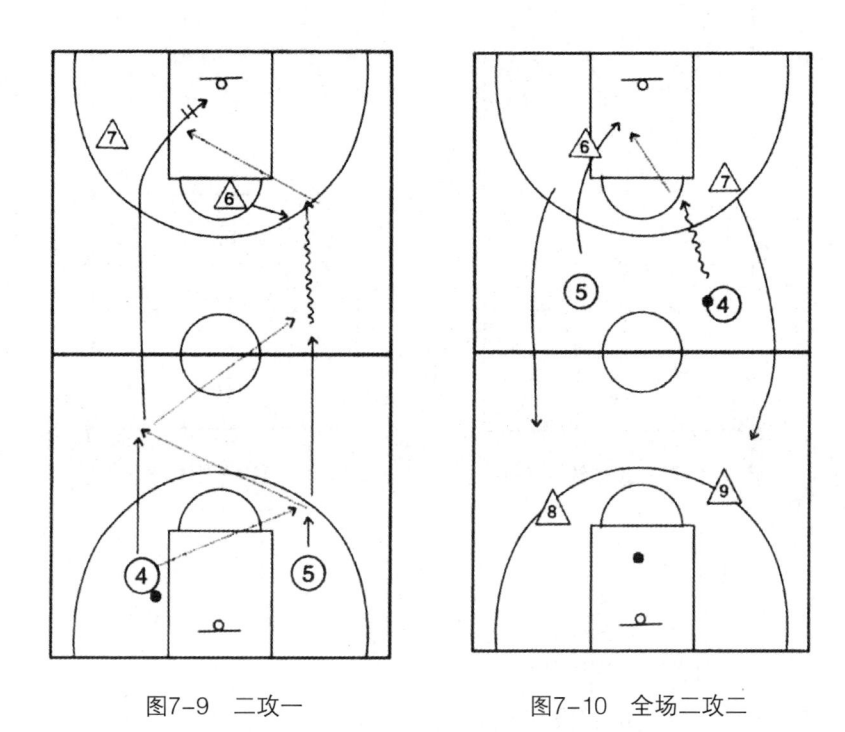

第七章 校园篮球后备人才技战术训练

篮板球，由守转攻向另一侧篮下运球推进，△、△进行堵截。

图7-9 二攻一　　　图7-10 全场二攻二

3. 三攻二

（1）目的

提高对三攻二战术的熟练运用能力。

（2）方法

方法一：④、⑤、⑥利用运传球（运球、短传）组合技术而进入前场，△和△一前一后进行堵截。进攻方完成进攻后由攻转守，防守方由守转攻向另一侧篮下继续以运传球组合的方式推进，现在的防守队员同样前后防守（图7-11）。

方法二：④、⑤、⑥通过短传和运球进入前场，△和△一左一右进行堵截。进攻方完成进攻后由攻转守，防守方由守转攻向另一侧篮下继续以运传球组合的方式推进，现在的防守队员同样左右平行防守（图7-12）。

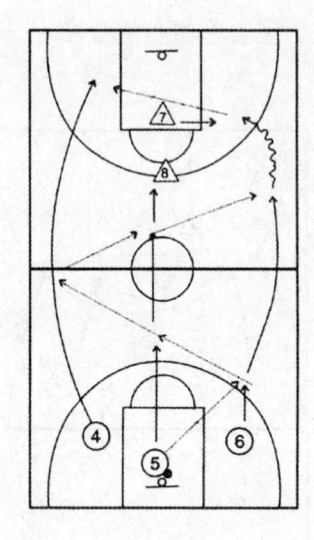

图7-11 三攻二练习（一）　　图7-12 三攻二练习（二）

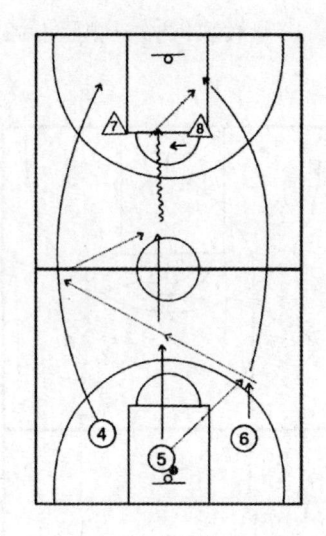

4. 全场三攻三

（1）目的

①提高局部配合的熟练度。

②培养快攻反击的意识和能力。

（2）方法（图7-13）

进攻和防守各三人，④、⑤、⑥持球配合向前场推进，△、△、△积极堵截，抢断球或获得篮板球后快速展开进攻，此时④、⑤、⑥向端线外退出场地，换另一组的三名队员上场作为防守方继续练习。

5. 五人快攻

（1）目的

①提高对快攻路线的熟练度。

②培养快攻反击的意识和能力。

（2）方法（图7-14）

④、⑤、⑥、⑦、⑧进行练习。⊗投篮，一名接应队员抢篮板球，其余队员在固定区域按已确定好的路线接应、快下、跟进。队员之间要配合好，把进攻节奏掌握好，准确传球，果断突破，顺利完成快攻任务。

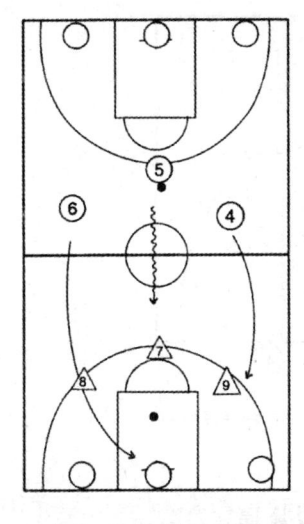

第七章 校园篮球后备人才技战术训练

图7-13 全场三攻三　　　图7-14 五人快攻

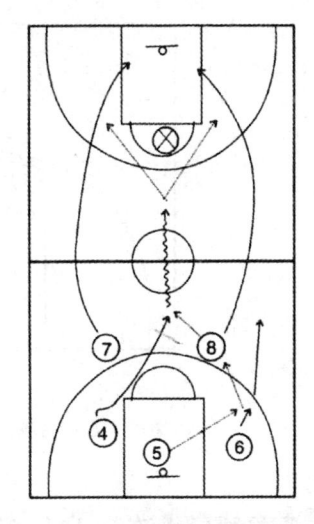

二、进攻区域紧逼战术训练

进攻区域紧逼战术是根据区域紧逼防守战术而设计的进攻战术，设计该战术要对防守方的薄弱环节有清楚的认识与了解，以己之长攻彼之短。

（一）后场三防二掷端线界外球

1. 目的
提高后场以多防少时摆脱接球的能力。
2. 方法（图7-15）
④在球场一侧端线掷界外球，⑤伺机接球，⑥掩护⑤，△、△、△进行堵截。互换角色重复练习。

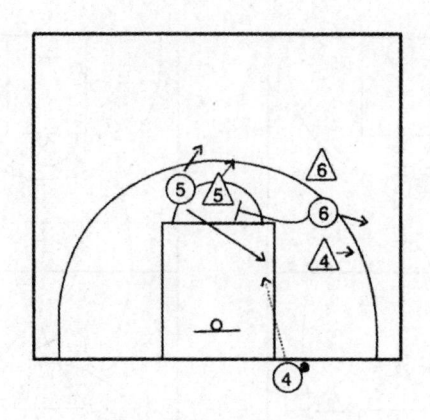

图7-15　后场三防二掷端线界外球

（二）连续策应进攻1-2-1-1区域紧逼

1. 目的

（1）提高接界外球的能力。

（2）提高在防守薄弱区域配合进攻及摆脱夹击的能力。

（3）熟练掌握创造以多打少机会的技巧。

2. 方法（图7-16）

①持球在端线做出给③传球的假动作，但实际上迅速传给快下且折回界外的②，①传球后迅速从左侧进场，△和△堵截②，②给快速插到后场罚球线附近策应的③传界外球，③接球后迅速给位于中场附近的④传球。④接球后再转身向弧顶附近的⑤传球。进攻队员传球后快速进入前场，制造以多打少的机会。

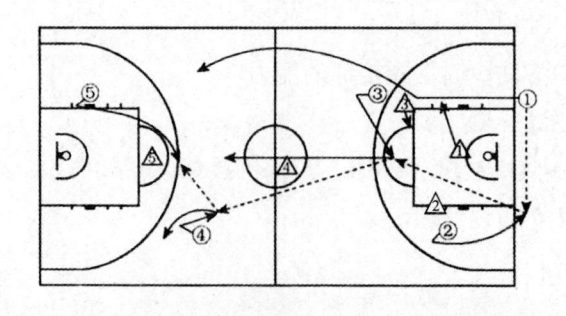

图7-16　连续策应进攻1-2-1-1区域紧逼

（三）1-2-1-1落位进攻2-2-1区域紧逼

1. 目的

（1）提高在防守薄弱区接球的能力。

（2）提高掩护配合、策应配合及摆脱夹击的能力。

（3）熟练掌握创造以多打少机会的技巧。

2. 方法（图7-17）

①给②传球，②转身挡住△而接球，然后向中线附近的④传球，④再给弧顶附近的⑤传球。此时①和③从两侧边路快下，创造以多打少的机会。若⑤无法成功策应，④持球在中路与从两侧边路快下的①、③形成三路进攻。

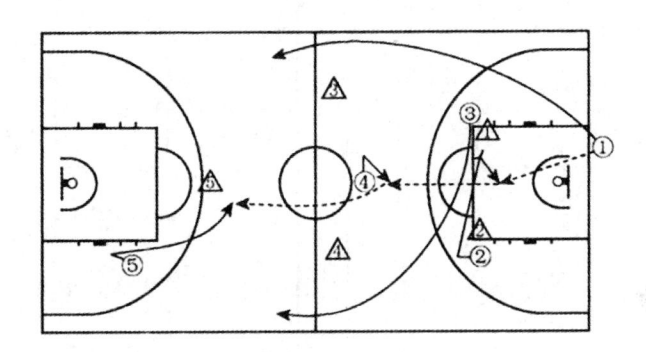

图7-17　1-2-1-1落位进攻2-2-1区域紧逼

三、进攻混合防守战术训练

进攻混合防守战术是以混合防守为依据而设计的进攻战术，设计与运用该战术需先对防守方的薄弱环节及矛盾之处有一定了解，然后从本队实际情况出发组织进攻，尽可能发挥本队的优势。

（一）进攻一人盯人、四人联防

1. 目的

提高进攻队员通过掩护配合进攻"一盯四联"混合防守的能力。

2. 方法

方法一：如图7-18所示，⑥是被紧逼的队员，在⑦将球往侧转移到⑧时，④移动到罚球线外要球，⑥为⑦做掩护，⑦迅速切入篮下接⑧传球投篮。如此反复练习数次后，攻守互换。

方法二：如图7-19所示，⑥是被紧逼的队员，在⑧将球往侧转移时，⑥在底线为⑤做掩护，⑤迅速沿底线向另一侧移动接⑦的传球进攻，在一瞬间加重△的防守负担。攻守互换反复练习。

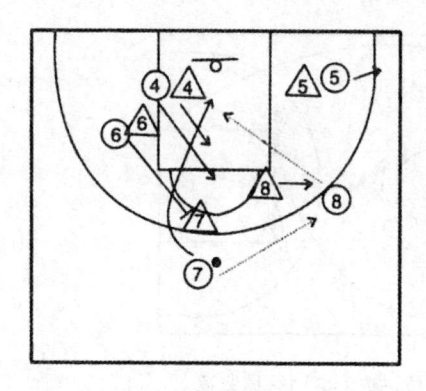

图7-18 "一盯四联"练习（一）　　图7-19 "一盯四联"练习（二）

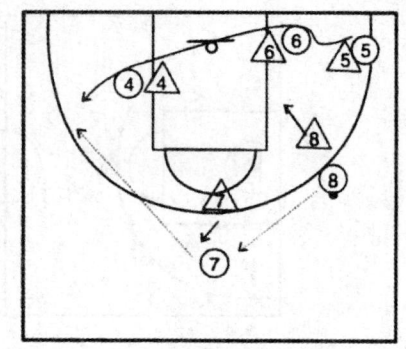

（二）进攻三人盯人，两人联防

1. 目的

提高进攻队员通过配合进攻"三盯二联"混合防守的能力。

2. 方法（图7-20）

对方△、△联防，⑦、⑧应重叠站位，其他队员按进攻人盯人的配合来进攻。当外围转移球时，⑦可利用⑧的掩护，寻找中投或切入篮

第七章 校园篮球后备人才技战术训练

下的机会，也可有意识地加重△或△一侧的防守负担。攻守互换反复练习。

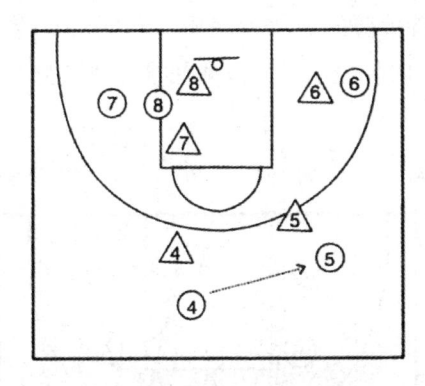

图7-20 "三盯二联"进攻混合防守

四、防守快攻战术训练

（一）防守发动与接应

1. 二对二防守发动与接应

（1）目的

熟练掌握对一传与接应进行封堵的方法和技巧。

（2）方法（图7-21）

教练投篮，△篮下抢球并传球或运球，④由进攻转为防守，对△的传球进行封堵，使△不得不向边线运球，△伺机接应△的传球，⑤对△进行堵截。攻守角色互换轮流练习。

2. 三对三夹击一传

（1）目的

①提高夹击抢篮板球队员的技能。

②提高对一传及接应进行防守的技能。

（2）方法（图7-22）

教练投篮，△篮下抢球，④和⑤配合夹击抢篮板球的△，△伺机给△传球，⑥快速对准备接应的△进行堵截，并伺机断球。④和⑤要迅速果断地进行夹击，⑥要及时补位防守，以堵截接应队员为主，不可兼顾接应队员△和快下的△。

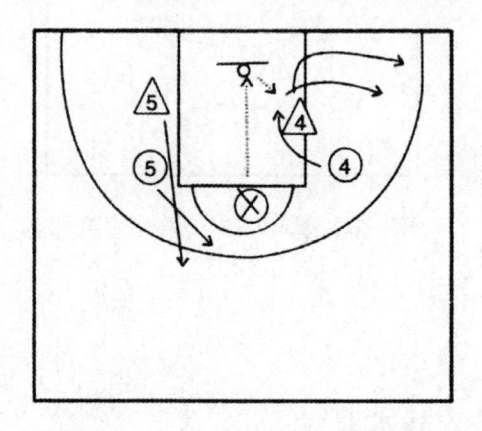

图7-21 二对二防守发动与接应

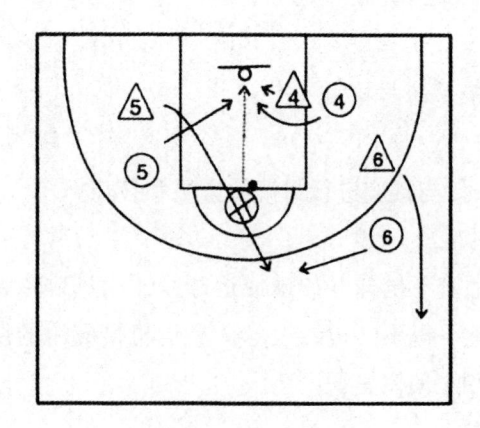

图7-22 三对三夹击一传

第七章　校园篮球后备人才技战术训练

3. 三对三堵截发动与接应

（1）目的

提高对一传及接应进行防守的技能。

（2）方法（图7-23）

教练投篮，△在篮下抢球并伺机传球，④迅速进入防守状态，封堵△的传球路线，△和△做好接应△的准备，⑤和⑥对接应队员进行堵截。攻守双方互换角色反复练习。

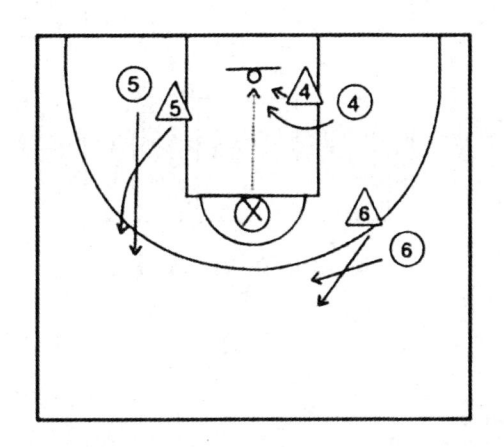

图7-23　三对三堵截发动与接应

（二）防守快下队员

1. 目的

熟练掌握封堵快下队员的方法和技巧。

2. 方法（图7-24）

⑥抢篮板球，△对伺机运球突破的⑥进行堵截，将其中路突破路线防守好。⑦和⑧是接应队员，△和△对接应队员进行防堵，④和⑤快下准备接应，△和△则沿边线对主内线加以防堵，防守接应队员。

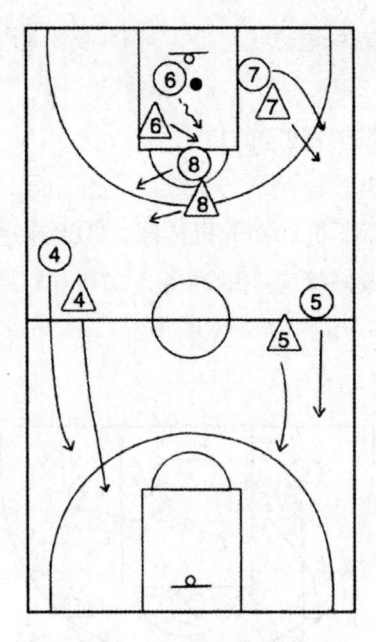

图7-24 防守快下队员

（三）以少防多

在快攻结束阶段主要采用的战术方式是以少防多战术。

1. 一防二

（1）目的

①熟练掌握一防二的技巧。

②提高一防二的效率。

（2）方法（图7-25）

①和②作为进攻方，以传球、运球相结合的方式从后场进入前场，防守者△的防守区域为罚球线到弧顶这个范围。防守方法如下。

假防运球、真断球：②控球并向前场运球时，△佯装对其进行防堵，迫使②不得不给①传球，此时△果断将传出的球断下来。

假抢球、真断球：控球队员在运球时，防守队员假装上前抢球，迫使进攻者不得不向队友传球，此时防守队员果断将其传出的球断下来。

第七章　校园篮球后备人才技战术训练

进攻者传、运球向前场推进时，防守者找到合适的位置进行防守，通过做假动作来打乱进攻方的节奏，迫使控球者失误或犯规，从而防守方有机会获得球权。

攻守双方互换角色反复练习。

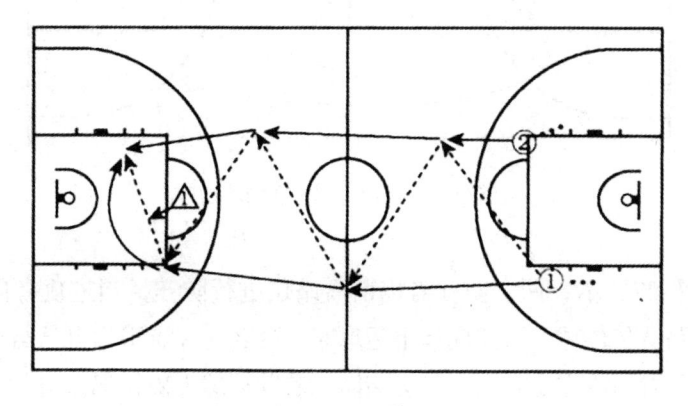

图7-25　一防二

2.二防三

（1）目的

①熟练掌握二防三的技巧。

②提高二防三的效率。

（2）方法（图7-26）

①、②、③三名进攻者以传球、运球的方式从后场进入前场时，△和△的防守区域为罚球线到弧顶这一范围，防守者以平行站位进行防守，方法如下。

当控球者持球进入防守方的防守区域时，其中一名防守者果断采用盯人战术进行防守，防堵其传球、空切，另一名防守者防堵其他两名进攻队员的接应，方法和前面的一防二相似。

两名防守者对边路的两名进攻者进行卡位封堵，使他们无法去篮下接应，此时中路控球队员不得不运球突破，在其起步上篮时，一名防守者果断迎上紧逼堵防，使其无法顺利投篮，另一名防守者则伺机断球。

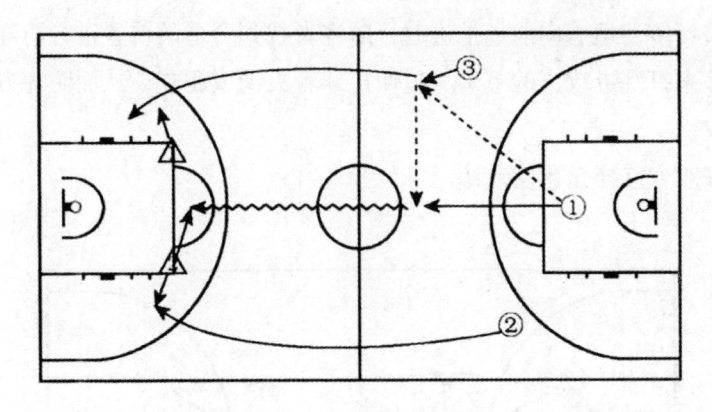

图7-26 二防三（平行站位）

如图7-27所示，两名防守者以前后站位进行防守，当进攻者向前场推进，给边路队员传球，边路向篮下运球时，两名防守者根据自己与运球突破者的相对位置而决定是否由自己去堵防，若③运球突破，那么与其离得近的△上前防守，△在篮下重点防守①和②，或防守③篮下空切，当③不得不向同伴传球时，△伺机断球，如果断球失败，那么△迅速到篮下进行协防。

攻守双方互换角色反复练习。

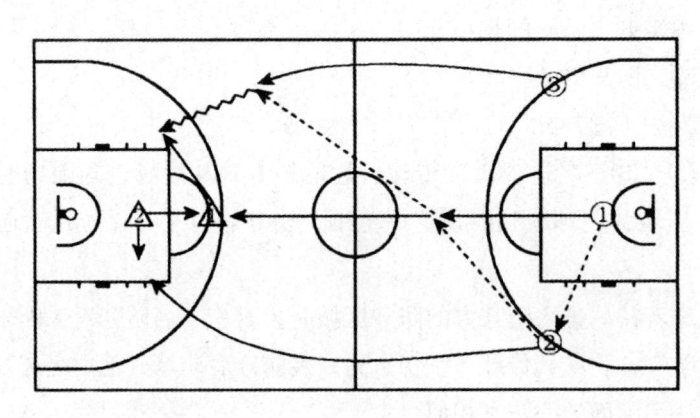

图7-27 二防三（前后站位）

第七章　校园篮球后备人才技战术训练

五、区域紧逼战术训练

（一）提高个人抢断球控制面的练习

1. 目的

提高个人防守能力。

2. 方法（图7-28）

④、⑤、⑥站成三角形，△站在中间，任务是抢断持球队员④向其他两名队员的传球。

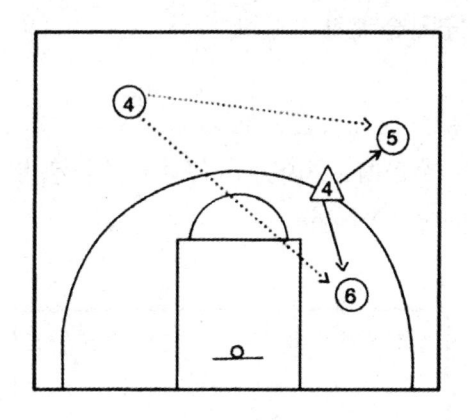

图7-28　提高个人抢断球控制面的练习

（二）提高个人防守能力的练习

1. 目的

提高个人防守能力。

2. 方法（图7-29）

一对一练习。△迫使④按其防守意图向边线运球，以便于与同伴进行夹击。练习中要注意积极移动，堵中放边。

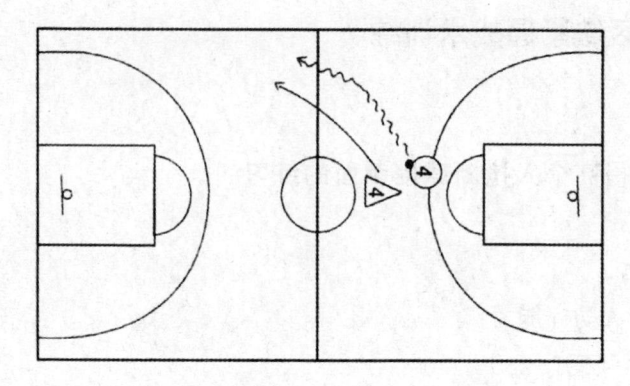

图7-29 提高个人防守能力的练习

（三）协同防守配合训练

1. 三对三协同防守配合（图7-30）

当⑤向中区运球突破时，△迫使⑤停球，并与△夹击⑤，此时△要防止⑤给④回传球，同时△补防⑥。

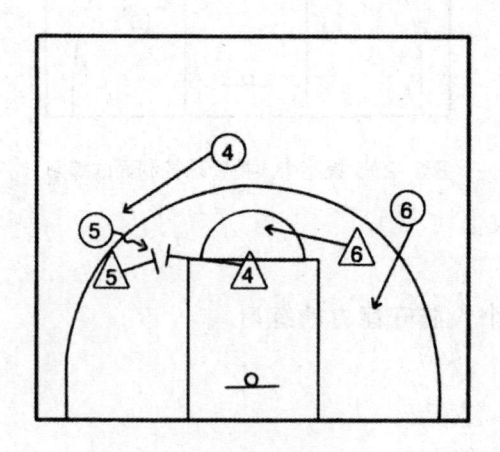

图7-30 三对三协同防守配合

2. 全场四对四轮转补位防守练习（图7-31）

△紧逼④沿边线运球，△及时在中线堵截，并与△夹击。△补防⑤，

第七章　校园篮球后备人才技战术训练

△6补防⑦，△在④传出球后撤到弧顶附近准备迎防⑥。

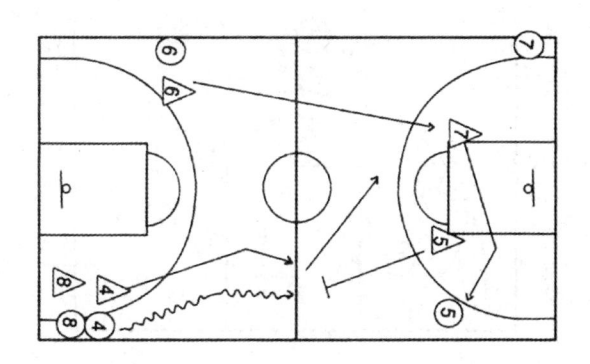

图7-31　全场四对四轮转补位防守练习

六、混合防守战术训练

人盯人防守和区域联防是混合防守战术的重要组成部分，同一时间将这两种防守战术同时运用到防守中就构成了混合防守战术。采用混合防守战术要求将球队的集体力量发挥出来，所有队员协同一致，使两种防守战术的组合运用达到最佳效果。

这里重点分析混合防守战术中一人盯人、四人联防的防守战术练习。练习目的是提高一人盯人、四人联防时紧逼防守重点对手及全队防守移动的能力。练习方法如下。

方法一：如图7-32所示，△紧逼盯防⑤，其他防守队员成"2-2"联防阵型进行防守。当⑤给④传球时，其余防守队员在自己防区内向球移动。当⑤准备溜底线时，△积极防守，组织其接球投篮，其余防守队员依然在自己的防区内移动。⑦溜底时，△跟防至对侧区域，此时换△去防守。

方法二：如图7-33所示，△紧逼盯防⑤，其他防守队员站成"2-2"联防阵型，当④给⑤传球时，△积极防守，其余防守队员在自己防区内向球移动。

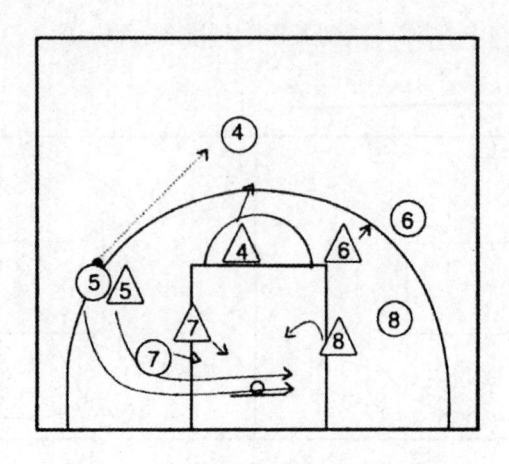

图7-32 "一盯四联"防守练习（一）

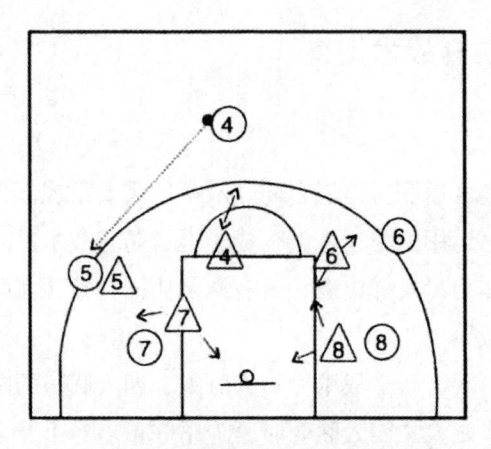

图7-33 "一盯四联"防守练习（二）

方法三：如图7-34所示，△紧逼盯防中锋⑤，其他防守队员站成"1-2-1"联防阵型，当④给⑤传球时，△积极防守，其余防守队员在自己防区内向球移动。

第七章 校园篮球后备人才技战术训练

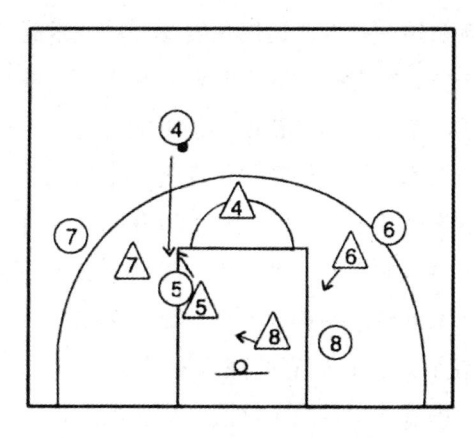

图7-34 "一盯四联"防守练习（三）

七、校园篮球后备人才战术训练的注意事项

（一）把握篮球战术创新规律

任何事物的变化与发展都有自身的规律，规律是稳定的，不会轻易发生改变。做任何事情，都要遵循事物发展的客观规律，这样才有可能事半功倍。事物的创新同样是有规律的，在篮球战术形式与战术训练创新中，必须遵循篮球运动的基本规律，尤其要遵循篮球运动的交互作用规律、交错上升规律以及矛盾相克规律，从而在篮球战术创新中达到事半功倍的效果。下面具体分析篮球战术创新中应遵循的三大规律。

1. 交互作用规律

每个事物的发展都不是孤立的，都会与其他事物发生这样或那样的联系，随着其他事物或借助其他事物的演变发展而获得发展。篮球战术形式与战术训练的创新也不是孤立的，这离不开篮球运动系统中其他要素的推动以及各要素之间相互交互、相互作用、相辅相成的关系推动，而篮球技术与战术的发展、创新是与篮球战术训练创新具有最大相关性和最强交互作用的因素。篮球技术是校园篮球后备人才运用与发挥篮球战术的基础，技术的创新是战术创新的基础条件，随着技术的不断发展和水平的不断提高，对战术的创新提出了更高要求，也为战术创新提供了可能。

篮球战术形式与战术训练的创新除了受技术影响之外，也受篮球竞赛规则的影响。篮球竞赛规则的不断改革、演进以及完善促进了篮球运动尤其是篮球比赛的发展，同时也对篮球运动战术的发展造成了一定限制。篮球竞赛规则的变化和篮球战术创新之间有着辩证的循环关系，二者既相互对立，又相互依存与促进。在篮球比赛中有些战术不符合要求，因而提出了相关规则，这是篮球战术促进篮球竞赛规则修改与完善的体现。同时，规则的修改客观上要求改进战术方法，使运动员的战术行动与规则的要求相符，这是篮球规则促进篮球战术改进与发展的体现。

2. 交错上升规律

交错上升规律是在篮球竞赛活动中要求竞争更加激烈、更加精彩、更加吸引人的同时，赢得比赛胜利而形成的规律。篮球运动的对抗性极强，比赛双方时刻处于攻与守的相对矛盾中，比赛一方为了克制对方的进攻或防守行动，从本方实际情况出发调整战术，以己之长攻彼之短，采用相应的策略一举突破。在比赛过程中，一方随着另一方战术行动的变化，不断打破本方原有的平衡，重新排列、搭配各种因素，不断调整战术行动，寻找新的平衡点，以顺利应战。

从球队内部进行战术变革，调整战术行动，能够提高篮球比赛水平和增加比赛的观赏性，给观众带来良好的观赏体验。而且，比赛一方战术的改变又会刺激另一方战术的创新，如此循环往复的创新使篮球比赛状况不断更新，也使篮球技术交错上升。

3. 矛盾相克规律

在篮球战术演进与创新发展的过程中一直伴随着对立统一的关系，最显著的是进攻与防守的矛盾，进攻与防守的相互对立、相互转换始终存在于篮球比赛的整个过程中，进攻战术的演变与发展对防守战术的发展具有促进作用，反过来，防守战术的提高又有助于改进进攻战术。篮球运动围绕攻防矛盾（相互限制、相互促进）而不断演变、发展及创新。

第七章　校园篮球后备人才技战术训练

（二）在篮球战术训练方式创新中坚持"三个结合"

1. 理论和实践结合

在篮球战术训练中，学生不仅要清楚篮球战术理论知识，还要就战术运用和战术训练对获得良好比赛成绩的重要性有充分理解，以此来提升战术意识，提高战术思维，使其在比赛中将各种战术灵活运用起来。

2. 技术和战术结合

篮球技术与篮球战术密不可分，在战术训练中必须加强与技术训练的融合，共同实施技术训练与战术训练，而不能顾此失彼。在篮球技术与战术相结合的训练中，在技术训练阶段就要逐渐渗透战术意识，循序渐进地讲解战术的重要性和战术形式，促进学生战术意识的增强，使其技、战术能力同时获得发展。

3. 集中训练和日常训练结合

在篮球战术训练形式的创新中，还要坚持集中训练与日常训练的结合，在日常训练中进行一些基本的战术训练，在战术集中训练中以重点战术训练为主，使战术训练更具有系统性。

（三）进一步加强篮球战术意识的培养

篮球战术意识是篮球后备人才战术能力的重要组成部分，战术意识的强弱直接影响战术行动的优劣，影响战术的发挥效果。因而，在校园篮球战术训练中不可忽视对学生篮球战术意识的培养与训练，尤其应重点培养感知觉能力、分析判断能力以及决策能力。

1. 感知觉能力的培养

在篮球感知觉能力训练中，关键要培养收集信息的能力，这需要在技战术训练中融入这方面的训练，而不是单独进行此项训练，与技术训练交叉进行，从而提升训练效果。在校园篮球技能训练中要培养学生的感知觉能力，就要多采用"快速接困难球""读数运球"等训练方式，这是提升感知觉能力和反应能力的重要手段。

2. 分析、判断能力的培养

运动训练学中的程序训练法是培养篮球后备人才分析、判断能力的一种有效方式，训练难度随着分析因素的不断增加而不断提升。训练初期以低强度训练为主，分析的因素比较单一，之后逐渐增加训练强度，引导练习者分析更多因素。此外，不仅要训练学生对个别情况的分析与判断，还要使学生学会对综合观察到的情况进行整体分析与全局判断，增强学生对比赛中技战术变化的分析能力，为正确决策奠定基础。

3. 决策能力的培养

一般采用模拟训练、实战训练等方式来训练学生的决策能力，通常从模拟训练开始，训练强度接近实战，然后向实战训练过渡，训练强度逐渐增加。结合实战进行训练，能够使学生从场上实际情况出发快速决策、正确决策、合理决策。在模拟与实战训练中，要加强分球练习与破联防战术练习，从而不断考验与培养学生进行决策的能力。此外，平时也要加强理论知识的传授与培训，使学生能够运用专业知识分析与判断场上情况，从而做出最佳决策。

参考文献

[1]练碧贞.校园篮球教学指导[M].北京：北京体育大学出版社，2022.

[2]刘俊凯.校园篮球教学指导[M].开封：河南大学出版社，2020.

[3]李韬.校园篮球课程教学方法改革与运用研究[M].北京：北京工业大学出版社，2020.

[4]毕永兴.校园篮球课程教学方法与改革人才培养研究[M].太原：山西经济出版社，2019.

[5]柏杨.校园篮球[M].上海：东华大学出版社，2019.

[6]王金林.健康中国背景下校园篮球运动发展研究[M].北京：中国水利水电出版社，2018.

[7]高治.我国青少年校园篮球运动发展的动力机制研究[M].北京：北京体育大学出版社，2018.

[8]唐建倦.协同与整合中国竞技篮球后备人才培养机制创新[M].广州：华南理工大学出版社，2016.

[9]戴志东.篮球后备人才选拔与培训体系建设[M].北京：北京体育大学出版社，2022.

[10]刘鲁君.我国竞技篮球后备人才培养与职业化发展路径研究[M].西安：陕西旅游出版社，2020.

[11]李成梁.中国篮球后备人才培养研究[M].长春：吉林大学出版社，2013.

[12]赵辉，姚仲凯，许霞.现代篮球后备人才培养与科学化训练研究[M].北京：新华出版社，2014.

[13]李亮.高校篮球教学研究[M].沈阳：万卷出版公司，2020.

[14]李永进.高校篮球教学改革探析[M].青岛：中国海洋大学出版社，

2019.

[15]何军.高校篮球运动实践教程[M].北京：中国农业大学出版社，2018.

[16]陈钧，郭永波，杨改生.篮球理论教学概论：运动系专修[M].北京：北京体育大学出版社，2007.

[17]张亚辉，王成军，杨君伟.实用篮球教学理论与方法[M].西安：西安地图出版社，2007.

[18]唐建倦，周琥，邹卫国.现代篮球运动教程（理论方法实践）[M].广州：华南理工大学出版社，2014.

[19]黄滨，翁荔.篮球运动[M].杭州：浙江大学出版社，2014.

[20]姜元魁.论系统论视角下的篮球运动基本规律[D].山东师范大学，2003.

[21]青凯.深圳市中学篮球传统项目学校篮球人才培养现状研究[D].延安大学，2018.

[22]石磊，葛新发.运动选材概论[M].济南：山东人民出版社，2009.

[23]叶巍.新视角下篮球运动之人才研究[M].长春：吉林大学出版社，2013.

[24]赖爱萍.运动生理学基础[M].杭州：浙江大学出版社，2012.

[25]商虹.体育心理学[M].成都：西南交通大学出版社，2010.

[26]孙民治.篮球运动教程[M].北京：人民体育出版社，2006.

[27]王峰.篮球运动规律与技术原理分析[M].北京：科学出版社，2015.

[28]王峰.现代篮球运动的理论研究[M].北京：人民日报出版社，2013.

[29]游贵兵.基于系统论视野下的现代排球运动战术理论研究[D].山东大学，2012.

[30]刘小莲，姜元魁，江明世.论系统论视角下的篮球运动基本规律[J].山东体育学院学报，2005（05）：97-98，101.

[31]卢聚贤.从系统论"整体观"视角探讨竞技体育后备人才培养新途径[J].当代体育科技，2021，11（12）：201-204.

[32]王培菊，李剑.篮球技战术教学与训练[M].北京：北京体育大学出版社，2018.

[33]徐伟宏.篮球队伍管理与心理训练[M].北京：知识产权出版社，2013.

参考文献

[34]张忠秋.优秀运动员心理训练实用指南[M].北京：人民体育出版社，2007.

[35]高建玲.我国普通高校推进"体教融合"的路径解析[J].当代体育科技，2020，10（36）：138-140.

[36]龚佳雨，何阳.体教融合视域下我国竞技体育后备人才培养的困境与路径[J].青少年体育，2022，116（12）：62-64.

[37]周静.中国篮球高水平后备人才基地建设现状及对策研究[D].河北师范大学，2016.

[38]单菲宏.普通高校篮球队的建设及管理现状分析[J].赤峰学院学报（自然科学版），2016，32（18）：45.

[39]刘强.基于多维视角的高校篮球教学研究[M].北京：人民日报出版社，2017.

[40]刘学奎.篮球"精品课程"建设的研究与实践[J].黑龙江科技信息，2007（22）：220.

[41]孙凤龙.我国学生篮球运动员培养体系研究[D].东北师范大学，2018.